创业合伙人
Venture Partners

杨中兴 胡丽丽 著

天津出版传媒集团

天津科学技术出版社

图书在版编目（CIP）数据

创业合伙人 / 杨中兴，胡丽丽著. -- 天津 ：天津科学技术出版社，2018.5（2019.4重印）

ISBN 978-7-5576-4847-3

Ⅰ．①创… Ⅱ．①杨… ②胡… Ⅲ．①企业管理－创业 Ⅳ．①F272.2

中国版本图书馆CIP数据核字(2018)第049032号

创业合伙人
CHUANGYE HEHUOREN
责任编辑：布亚楠

出　　版：	天津出版传媒集团
	天津科学技术出版社
地　　址：	天津市西康路35号
邮　　编：	300051
电　　话：	（022）23332695
网　　址：	www.tjkjcbs.com.cn
发　　行：	新华书店经销
印　　刷：	大厂回族自治县彩虹印刷有限公司

开本880×1230　1/32　印张8　字数218 000
2019年4月第1版第2次印刷
定价：49.00元

序
Preface

　　这是一个大众创业、万众创新的时代，人力资本成为创业最有价值的资源，平台化、生态化组织逐渐成为主流。企业组织与人的关系模式，也已经从单纯的雇佣制转向共创、共享的合伙人模式。越来越多的企业和创业者已经意识到，在这个时代，单枪匹马闯天下已经无法保证企业生存和发展下去了，唯有建设一支强有力的团队，才能在如今竞争激烈的环境下取得成功。

　　目前，还有许多创业者的思维没有跟上时代的发展，认为创业是自己的事，创办的企业也是自己的，自己的才华足以撑起自己的梦想。当创业失败时，他们又自怨自艾；即便创业成功，也很难走远。也有些创业者虽然明白合伙创业的重要性及优势，但是不知道怎样寻找合伙人，找到了合伙人又不知道该怎样处理与合伙人的关系，不了解合伙人团队正确的管理机制，结果导致创业失败。

　　在国内，马云与他的"十八罗汉"团队联手，缔造了阿里巴巴帝国。腾讯创始人马化腾、百度创始人李彦宏在谈到创业时，无不感谢当初与之打天下的合伙人。华为创始人任正非更是开了我国民营企业管理的先河，全员持股，将全体员工变成合伙人，形成了空前强大的团队凝聚力。从成立之初到现在，短短30年的时间，华为已经超越世界第一电信设备商爱立信。2017年6月6日，"2017年BrandZ最具价值全球品牌100

强"公布,华为名列第49位。

在国外,合伙创业模式更加成熟,比尔·盖茨与保罗·艾伦打造了微软帝国,马克·扎克伯格与爱德华多·萨维林等人创造了脸书(Facebook)。类似的例子比比皆是,可见合伙创业的巨大优势,团队的力量远胜个人。

为此,本书从合伙创业的基础知识入手,揭示合伙创业的本质,解读大众对合伙人理解的误区,告诉读者合伙人的创业机制不是简单的股权分配,而是要构建一套完善的合伙企业管理生态体系。本书着重介绍了合伙人的概念、合伙人在我国法律层面的定义、怎样寻找与选择合伙人、合伙人创业有哪些风险、合伙人团队建设与进退出机制等实用的知识与技巧,并且筛选了常用的最新创业合伙人协议书模板,供读者参考。

创业需要恒心与耐心,需要百折不挠的精神,无论是个人创业还是团队合伙创业,都要打艰苦的持久战。合伙创业就是一个不断吸纳优秀合伙人加入,淘汰不合格合伙人,推动企业不断克服各种困难并向前发展的过程。当你不知道如何合伙创业时,你不妨翻开本书看看,相信本书能为你答疑解惑。

征战商海,没有一成不变的规则,也没有任何模板可以直接套用,别人的成功模式未必适合你的企业,只有适合自身实际情况的合伙机制和管理模式,才能推动企业健康发展。

目录 Contents

第一章 大众创业时代,未来都是合伙人

合伙创业模式,颠覆了传统的雇佣制　　// 002

合伙人创业,与"单打独斗"说再见　　// 007

别抱侥幸心理,选择合伙人要宁缺毋滥　　// 012

了解常见的合伙企业类型,构建合理的合伙人制度　　// 017

内部合伙人,打造员工与企业利益共同体经营模式　　// 022

实战链接:创业合伙协议(书)范本　　// 026

第二章 寻找合伙人,是创始人的第一要务

合伙创业三要素:创业、老板、合伙人　　// 032

创业之初,寻找合伙人不能随意而为　　// 036

找到一位优秀的创业顾问将事半功倍　　// 041

初创企业,创始人怎样寻找技术合伙人　　// 045

实战链接:合伙企业协议(书)范本　　// 049

第三章

合伙创业有风险，未雨绸缪才能远行

与合伙人相处，需要注意的几个问题　// 058

创业需要勇气，但勇气不能用来内斗　// 062

合伙创业有风险，有些坑一定要绕过　// 066

当合伙关系变得糟糕时，散伙要果断　// 070

实战链接：个人合伙协议（书）范本　// 075

第四章

桃园结义，打造能"三分天下"的团队

团队组建机制决定了团队的发展空间　// 082

从三国刘备团队，看团队成功与失败　// 087

签订合伙协议，保证团队的健康发展　// 092

建设团队文化，让合伙文化扎根团队　// 097

实战链接：超市合伙协议（书）范本　// 102

第五章

利益共享，股权架构设计决定成败

利字头上一把刀，兄弟情义不牢靠　// 110

建立股权成熟制度，预防联合创始人中途退出　// 114

把丑话说在前头，建立合伙人股权进退出机制　// 118

创始人与合伙人的股权架构设计　// 122

实战链接：有限责任公司股东合伙协议（书）范本　// 128

第六章

合伙创业疑难多，解决不好易"猝死"

合伙创业企业，合伙人关系破裂最致命　// 138

人力价值与资本价值在利益分配上的不公平　// 143

一山难容二虎，无法共存的联合创始人　// 147

合伙创业陷阱多，盲目跟风风险大　// 150

实战链接：创业公司股东合伙协议（书）范本　// 154

第七章

求同存异，化解重重矛盾才能成功

决策意见不统一，该怎么办　// 162

经营理念出现分歧，要怎样应对　// 166

发生战略失误时，互相指责解决不了问题　// 170

合伙创业，不要在创业前期就埋下矛盾隐患　// 173

实战链接：合伙投资协议（书）范本　// 176

| 第八章 |

不懂合伙注定散伙，给合伙创业者的忠告

创业合伙人之间应该具备的基本素养　// 182

意气用事是创业大忌　// 186

合伙创业，创业者不忘初心，方得始终　// 190

正确对待散伙，天下没有不散的宴席　// 194

实战链接：有限合伙协议（书）范本　// 199

附1：《中华人民共和国合伙企业法》　// 212

附2：《中华人民共和国合伙企业登记管理办法》　// 234

后记　// 244

第一章
大众创业时代，未来都是合伙人

如今，合伙创业已经成为创业的主流模式。在合伙创业模式下，员工不是为企业或老板打工，而是为自己打工。员工可以参与公司经营，利益共享，从而工作起来就会更加积极主动，这就使人力资源利用得以实现最大化，大大提高了创业的成功率。

合伙创业模式，颠覆了传统的雇佣制

雇佣制的出现与发展历史悠久。到18世纪后期，随着工业的发展，雇佣制逐渐占据了社会的统治地位，推动了生产力的发展和社会的进步。但是，任何制度的产生都是时代发展的产物，也必将随着时代的变革而消亡，雇佣制还能存活多久？

雇佣制是传统企业的主流模式，特点是：资本雇佣劳动，老板是大股东，员工是"打工仔"，资本与员工相对割裂；在公司治理权力方面，员工几乎没有话语权，等级关系明显。

在商业竞争白热化的当今时代，以个人资本为主导的雇佣制，其竞争乏力的弊端愈发凸显。在当今商业竞争中，采用雇佣制的企业很容易陷入"单挑，你一个挑我们一群；群殴，我们一群殴你一个"的被动局面；相反，合伙经营在商业竞争中的优势逐渐显现出来，前景更加广阔。

雇佣制的概念与特点

雇佣制由雇佣者与被雇佣者组成。所谓雇佣者,简单说就是老板、雇主。雇佣制的主要模式是雇主雇请被雇佣者,通过支付薪水的方式交换被雇佣者所付出的劳动。其范围从临时雇请保姆的家庭到各行各业的法人组织,极为广泛。

雇佣制在利益分配方面更多倾向于资本,而不是员工,员工难以公平享受到企业发展的成果。无论是权力与利益,还是资本与员工,都处于一种失衡状态。雇佣制最大的特点就是员工行为容易短期化,员工动力不足,企业成败系于雇主(老板)一人,风险很大,而这正是雇佣制最大的弊端。

合伙模式的优势

合伙模式将资本雇佣劳动模式变成了资本与劳动的合作,员工兼具股东身份,从"打工仔"变为"合伙人"。相对于传统的雇佣制而言,合伙模式的优势主要体现在以下两个方面。

(1)公司治理权力方面。

合伙模式下,股权结构得以优化,员工的话语权大大增强,管理更加扁平化,员工之间由传统的上下级关系逐渐变为相对平等的合伙人关系,内部监督力量增强,部门间隔阂变小。

(2)利益分配方面。

合伙模式下,员工的利益分配更加公平,获利空间更大,更好地满足了员工对财务自由的追求。员工与股东身份的统一，让员工与企业形成了利益和命运共同体。企业中"人人都是创业者"，而非单纯依赖创始人的带动，降低了企业的风险。

合伙模式的前景

合伙人关系指的不仅是领导层级的合伙关系，更是员工层级的合伙关系。在我国，华为公司最早践行了全员股份制，将员工变成公司的合伙人，由此产生了强大的企业凝聚力。让华为在短短三十年的时间里，将世界通信巨头公司纷纷斩落马下，从一个默默无闻的小公司一跃成为通信领域的世界第一。

由此可见，合伙模式给公司发展所带来的能量是非常巨大的。尤其是在新经济形式下的今天，多数企业创业之初就以合伙形式出现，投资者也达成了一个共识，那就是"没有合伙人的公司决不投"。我国著名天使投资人徐小平谈到合伙人时指出："创业失败共性是创始人心里只有老大，却没有老二、老三。"

雇佣制逐渐成为时代的过往，只有让员工感受到他们是权利的主体，有当家做主的满足感，公司才有发展，才有未来。通俗地说，在这个大众创业的时代，当你选择一个人创业时，你如何与一个全员合伙创业的公司竞争？作为创始人，如果你满足不了员工的需求，员工凭什么为你拼命工作？

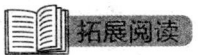

合伙创业,创始人的领导力源于坚守梦想

雪莉·桑德伯格曾任克林顿政府财政部长办公厅主任、谷歌全球在线销售和运营部门副总裁,现任脸书(Facebook)首席运营官,执掌着这个市值上千亿美金的商业帝国。或许有些人认为,当一家企业做大后,从政府部门挖人才也不稀奇。

然而,事实是当雪莉·桑德伯格从政府财政部跳到谷歌时,谷歌还是一个只有250多人的公司,她要担任的职位是营业部门主管,谷歌在当时并没有什么营业部门。那时,邀请她入职的都是世界级著名企业。谷歌董事长兼首席执行官艾瑞克·斯密特用一句话——"去追求成长"——打动了她。正是这句话,让雪莉·桑德伯格毅然决然地选择了职位更低、任务也尚未明确的这家小公司。

如果说雪莉·桑德伯格从美国财政部跳槽到谷歌还能理解,当她再次跳到脸书时,许多人都无法理解了,不明白她为什么要给一个23岁的毛头小子打工。雪莉·桑德伯给出的答案是,她非常喜欢马克·扎克伯格对脸书构建的愿景——连接整个世界。她说,当时没有人能想象到脸书会成为下一个My Space或者Friendster。

雪莉·桑德伯格认为,马克·扎克伯格的魅力就在于他的愿景能激励人心,让员工满怀激情地追随他,这不是靠金钱,而是靠让员工坚信他的愿景。

创业不再是一个人踩着梯子向上爬了，创始人要做的事不再是怎样一个人去经营好企业，而是必须通过个人最原始的梦想与目标，吸引志同道合的合伙人围绕在自己身边，一同向这个共同的目标前进，用自己的坚守激励团队不断前行。

风险提示

合伙人资格审查是签订合伙协议的重要环节，尤其是合伙企业，熟悉、信任的人是合伙的首选，但理智地选择合伙人，又不单纯是熟悉和信任，还要看合伙人的实力。普通合伙企业的合伙人承担的是无限连带责任，一旦企业不能偿还债务时，有实力偿还的合伙人有被强制偿还企业债务的风险。

合伙人创业,与"单打独斗"说再见

在"互联网+"背景下的大众创业时代,越来越多的年轻人萌生了自主创业的想法,也有许多人付诸了实践,并且创业模式多以合伙形式出现。采取"单打独斗"式的传统个人创业模式的创业者越来越少,创业者更倾向于寻找有共同目标的合伙人,打造创业团队。

创业并不是一场说走就走的旅行,而是一个复杂的系统工程,需要在人才配置、资金整合、场地选择、市场调研等多个方面进行全面考虑。合伙人创业模式更加适合当前竞争激烈的商业环境,因为公司创业者、员工都是合伙人,就会形成利益共同体,在合伙模式下,员工由为老板打工变成了为自己打工,实现了利益共享,能够在核心团队的带领下形成合力,用团队的力量赢得竞争。

合伙人之间为了共同的目的,组成企业组织形式,更容易创业成功。那么,创业之初,我们要怎样寻找合伙人避免"单打独斗",怎样去维系合伙关系,做到共享收益、共担风险,将创业这驾马车变成汽车，驶上高速路呢？可以从以下几点着手。

拥有共同价值观是前提

合伙人不仅仅是依靠经济利益驱动的共同体，更是一个由共同价值观聚合的共同体；合伙创业也不只是找一个能够给自己带来经济利益的合伙人，更是要寻求一个在精神层面有契合度的合作伙伴。无论什么样的合伙模式，拥有共同价值观都是合伙的基础。创业过程充满了挑战、诱惑、艰辛，如果相互之间没有信任感及统一的价值观，仅靠利益是无法长期维持合伙关系的。合伙人散伙对创业企业而言，很可能就是致命的打击。

从战略层面制定策略

目前，市场已经逐渐步入共享经济时代，企业在经营理念和战略层面都要做出调整。虽然模式的变化无法改变商业的本质，但是这也恰恰说明创业已经无法只靠个人的能力去单打独斗了。依托团队，借助资本的力量，在合作的基础上让合伙人都获得利益，是这个时代成功创业的不二选择。

寻找到合适的合伙人，创建优秀的团队，用团队的力量应对市场的变化，是每个创业者都必须要面对的考验。无论是企业从初创到发展壮大，还是传统企业转型升级，都离不开战略层面的考量。初创企业发展壮大后，都将成为一个资本融合的平台。一方面，企业要寻找合适的投资人获取自身发展的必要资金；另一方面，企业也要寻找合适的投资对象和项目来进行股权投资,在分散经营风险的同时还能为日后发展打下良好的基础。而这些,都要求创业团队从战略层面把握方向,制定目标和策略。

改变传统的创业理念

创业者在创业理念方面要改变自己的传统认知,利用互联网思维,顺应互联网时代的创业特点,将客户思维转变为用户思维,将利润思维转变为价值思维,将竞争思维转变为合伙思维,利用平台资源优势找到合适的合伙人,共同创业。

在当前竞争异常激烈的商业环境下,创业者在创业过程中单纯依靠个人力量来实现创业的难度非常大,合伙创业模式不仅可以省下一大部分人工成本,而且由于合伙人目标一致,因而行动力与执行力都会较强,这也大大提高了创业的成功概率。

当然,合伙人模式在实行过程中,大方向很容易达成统一,但在具体实施时,合伙人也很容易产生分歧。分歧和矛盾导致合伙关系破裂的情况非常多,这也是合伙人散伙的主要原因之一。合伙创业与个人创业最明显的区别就是企业不是一个人说了算。因此,合伙创业时建立完善的利益分配机制就显得十分重要了,这也是保证合伙人创业长久发展、不致中途散伙的基础。

因为梦想,他们成了合伙人

能够走到一起合伙创业的人,最初都是因为梦想。2012年12月,"90后"创业者刘冰通过微博发布了"一股2000元,最多持10股"的"郑州很多人咖啡馆"招股书。很快,99个有着共同梦想的人走到了一起。

99个股东多数是"80后""90后",他们中有医生、护士、全职妈妈、学生、店老板、上班族等。用他们自己的话说就是:"我们能够聚在一起,都是因为有一个自己的小梦想,拥有一个属于自己的咖啡馆,有一个让自己心灵放松的地方。"

咖啡馆核心团队成员有8个人,分工明确,一旦有什么决定,核心团队会征求股东的意见,进行民主投票。股东们还可以根据自己的兴趣爱好研发产品,这99个股东几乎都有自己的工作,开咖啡馆只是副业,是精神上的投资和享受,可以说它经营的正产品是朋友感情的共鸣与交流。

在经营的过程中,99个股东难免会出现分歧。每当通过一项重大决策时,他们会采用投票的方式,依据少数服从多数的原则做决策,而不是个人或管理层说了算,保证了对99个股东都是平等的。

"很多人咖啡馆"非常务实,他们将一点点的梦想、一点点的诚信、一点点的金钱、一点点的时间、一点点的智慧、一点点的才华汇聚在一起,聚沙成塔,让梦想照亮了现实,在现实的土壤里开花结果。

风险提示

合伙创业一定要厘清合伙人的出资，每种不同种类的出资都必须折合为相应的股份，并在合伙协议中明确。这样才能在今后盈余分配及债务承担中，明确各个合伙人的权利和义务，避免因为比例不明确导致的纠纷。

别抱侥幸心理,选择合伙人要宁缺毋滥

创业一定要选择合伙人共同创业吗?一个人独自创业不行吗?在创业前期,为什么需要合伙人?创业真的需要合伙人吗?相信许多准备创业的人,脑海中都会出现类似的问题,而这些问题的答案不是唯一的,也没有对错之分。

在现实中,创业者对合伙人概念的理解出现偏差导致散伙的例子比比皆是。例如,有些创业者由于前期经费不足,就想要些小聪明,找一个能够在资金方面帮助自己的合伙人。由于双方合作的基础只是建立在薄弱的金钱与利益方面之上,日后必然会在公司发展及管理等各个方面产生分歧,各执己见又互不相让,只能以散伙而告终。

资金不足导致被迫合伙

寻找合伙人创业,优势就在于可以共同承担资金压力和风险。不过,如果选择合伙人时只考虑钱或者技术,并没有清晰的合作规划与利

益分配制度，那么你的创业很有可能是在为别人做嫁衣。

例如，创业者创业之初对自己的项目极为认可，几年过后，项目估值达到数亿元。如果当时为了省几十万元，出让50％的股权，到此时50％的股权意味着几亿资产和企业的掌控权，再加上合伙制度不完善，最终就会出现自己种果树，别人摘桃子的情况。

只是找个心灵寄托和依赖

合伙人是合作伙伴没有错，但不是创业者在创业过程中心灵上的寄托和依赖。创业是孤独的、寂寞的、充满压力的，如果只是以缓解这种心理压力为目的去寻找合伙人，则必然会导致失败。

例如，相关调查数据显示，大量创业者中，做电商的认为自己会成为下一个马云，做导航的认为自己公司就是下一个百度，做论坛的认为自己每年广告费轻松上千万元……每个创业者都认为自己会成功，但结果往往惊人的一致：1个月后，他们开始觉得创业特别枯燥，需要维护、更新、推广；2个月后，他们开始变得动力不足；3个月后，他们彻底放弃当前的创业项目。

创业要有梦想，但不是幻想未来。创业是一件非常孤独、枯燥、艰辛的事情，创业者必须要学会孤独，从孤独中寻找快乐。创业需要合伙人，但不是为了给自己的心灵找依托。创业就像西天取经，需要经历种种磨难，需要让自己的心灵强大起来，而不是将希望寄托在合伙人身上。

只为了得到投资人的青睐

当前,创投圈常说的一句话是:"投资是投人,项目其次。"投资者更看重一支创业团队是否有发展潜力。

举个例子,蔡崇信在阿里巴巴创立之初,甚至还没有任何公司实体时,辞去了年薪70万美元的工作,加入马云团队,拿着每个月500元钱的薪水,在当时,很多人都认为蔡崇信疯了。以投资人的眼光,蔡崇信的行为何尝不是一种投资,折服他的,正是马云和马云的团队。

合伙创业是为了一个目标求同存异、相互扶持、共同努力的过程。阿里巴巴的18位创始人合作至今,建立了庞大的电商帝国就是最好的证明。如果只是为了拉投资而寻找合伙人,那么拿到投资以后会怎样呢?如果创业者是抱着这种态度寻找自己的合伙人,就要反省一下自己是不是适合创业。

在商言商,合伙创业一定要谨记,伤你最深的往往不是敌人,而是你最信任的人。在创业前,创业者一定要冷静下来,仔细想清楚自己是否真正需要合伙人,需要什么样的合伙人。要做到宁缺毋滥,即找不到合适的合伙人,宁可不要也不能随便找合伙人滥竽充数。

 拓展阅读

合伙创业,人才招募的3个致命错误

初创企业在刚起步的时期,都会不可避免地遇到很多共性问题,例

如工作时间过长、工作环境狭小、财务预算紧张等。当你的团队成功地完成第一轮融资，需要进一步拓展团队，企业计划进行规模发展时，你会犯哪些常见的易犯错误呢？主要有以下几种。

1. 最后一刻才雇佣新人。能否找到雇佣新员工的恰当时机，影响着公司运营和业务发展的成功与否。初创公司，由于受财务等方面限制，都会将发展重点放在短期需求上，只有等到迫切需要更多人手时，才会进行人事招聘。事实证明，如果将招聘工作拖到最后的紧要关头才进行，则不但会错失关键的市场机遇，而且在很多项目上都会没有足够的时间来完成。

因此，此时创始人要做的不应该是与团队商量招聘事宜，而应该从系统的角度审视公司发展，将痛点（例如公司遇到的问题或麻烦）罗列出来，再将可能出现的瓶颈、潜在的转折点、新员工注入之后所带来的成效、新员工熟练掌握业务所要花费的时间等因素都考虑进去，让招聘到的人才在日后有大幅度的提升。

2. 缺少新员工培训系统。新员工加入公司后，肯定会充满激情与活力，但是，这份激情与活力能否保持，就取决于公司管理团队的培训系统是否完善了。如果只是给员工下达任务、制定指标，就会加快新员工工作热情退却的速度。

公司的创始人让员工产生归属感，比督促他们完成任务更重要；邀请新员工共进午餐或者与之聊聊天，比宣读公司的规章制度更容易让他们产生信任。新员工都希望自己是有价值的，是有用武之地的。这就要求公司必须完善新员工培训系统，保证新员工能够尽快熟悉公司业务，帮助他们解决在工作中遇到的问题和疑惑。

3. 没有科学合理的人力资源系统。初创企业的创始人都习惯以繁忙为借口，推卸管理责任。虽然有些员工自我管理和约束能力较强，但并不代表公司就可以不建立完善的管理制度。高效沟通和交流是企业管理的基石，公司管理团队，一定要保证一定频率的、公开的一对一讨论。

因此，创始人要想管理好新员工，首先要做到频繁交流。只要做好了这一点，后续的问题就会迎刃而解。创始人要想招揽到优秀人才并让他们真正为己所用，推动公司的发展，就必须建立科学合理的人力资源系统，初创公司也不例外。

⚠ 风险提示

有关合伙企业的法律，对合伙人违约责任的规定不可能做到十分具体，因此建议合伙创业者协商合伙协议时，对合伙人违约的责任要做出明确规定，以便日后发生违约行为时要求违约者依协议承担责任。

了解常见的合伙企业类型,构建合理的合伙人制度

合伙人在我国法律上有着明确的定义,就普通合伙人而言,指的是共同出资、共同管理企业,并对企业债务承担无限连带责任的人。因此,合伙人既是企业的所有者,也是企业的管理者,同时还是企业债务和责任的责任人。

合伙人创业其实早已经走过了探索阶段,2014年,阿里巴巴因最终不愿放弃合伙人制,结束了与港交所旷日持久的博弈,最终在纽交所上市。同年,万科集团召开了合伙人创始大会,1320位中高级管理人成为万科事业合伙人,万科总裁郁亮喊出了"职业经理人已死,事业合伙人时代诞生"的口号。

什么是合伙人?合伙创业后,企业应该以什么模式来运营?无论是成功的案例,还是失败的案例,都告诉创业者,想要合伙创业,必须要深入地了解合伙人,了解合伙人企业有哪些特点。这样才能正确地制定合伙创业策略,构建出适合自身发展的合伙人制度。合伙人企业有哪些类型?该

怎样构建合伙人制度呢？

创始合伙人 + 业务合伙人

"创始合伙人 + 业务合伙人"机制多适用于咨询公司及轻资产类公司，由于公司运营不需要太大的资金投入，因此，合伙成员主要以人为主要竞争力。在合伙人都出资的基础上，合伙人本身以专业技能和贡献值入股，成为公司创始合伙人（又叫"原始股东"）。这种合伙制度的优势在于：第一，可以让后加入企业的核心人员分享公司收益的红利，增强主人翁意识；第二，可以增加组织战斗力和凝聚力。

合伙人内部创业 + 内部业务合伙人

合伙人内部创业指的是在一个经营平台内，鼓励合伙人在独立的业务单元或业务体系中进行创业的内部合伙人鼓励机制。内部业务合伙人指的是公司内部与业务相关的合伙人制度。公司内部合伙人可依据公司业务规划积极筹备、拓展相关业务，并承担业务单元的风险与激励。这种合伙机制的优势在于，能够推动公司内部创业型人才的快速成长。

独立合伙人 + 分公司合伙人

独立合伙人是指以个人身份与公司建立长期、紧密的合作关系，对双方合作项目实行公司化操作，收入采取按比例分成的一种合伙方式。内部合伙人可以随着公司的发展转做连锁分公司合伙人，分公司合伙人可持有分公司股权，负责区域范围内的经营业务。当有个人发展意向时,内部合伙人签订独立合伙人协议后成为公司独立合伙人,自负盈亏,双方在工作中采取平等协商的机制。这种合伙机制的优势在于能够快速地整合资源,达到公司核心管理层全员合伙人的经营架构,实现共同经营、万众一心的发展局面。

天使投资+合伙人制+股权众筹

股权众筹的出现是互联网时代的创新,"天使投资+合伙人制+股权众筹"模式逐渐成为互联网时代的主流创业模式。天使投资在创业生态系统中属于营养层,营养层越厚,庄稼长得越好。合伙人的出现,则是对传统雇佣制的一次颠覆,也掀起了现代公司管理的一场革命。例如,阿里巴巴、京东、腾讯等大企业,都在为创业公司提供平台和资金。解决创业者最根本的难题,更利于创业公司在激烈的竞争中存活下来。

拓展阅读

普通合伙人与有限合伙人在法律层面的区别

成为有限合伙人不需要资格,但权利方面有限制。有限合伙人与普通合伙人在法律层面的主要区别有以下几点。

1. 企业债务承担责任。《中华人民共和国合伙企业法》(以下简称"合伙企业法")规定,有限合伙企业由普通合伙人与有限合伙人组

成,普通合伙人对合伙企业债务承担无限连带责任,有限合伙人以其认缴的出资额为限对合伙企业债务承担责任。因此,有限合伙人对企业债务的承担范围要小于普通合伙人。

2. 本企业内交易。《合伙企业法》规定,除合伙协议另有约定或者经全体合伙人一致同意外,普通合伙人不得同本合伙企业有限合伙人进行交易,有限合伙人可以同本有限合伙企业进行交易。因此,在关联交易方面,法律允许有限合伙人与本企业进行交易。

3. 与本企业有竞争的业务。《合伙企业法》规定,有限合伙人可以自营或同他人合作经营与本有限合伙企业相竞争的业务,合伙协议另有约定的除外。因此,法律允许有限合伙人从事与本企业有竞争的业务。

4. 财产份额出质("出质"即"质押"的意思,分为动产质押与权力质押)。《合伙企业法》规定:普通合伙人以其在合伙企业中的财产份额出质的,须经其他合伙人一致同意;未经其他合伙人一致同意的,其行为无效,由此给第三人造成损失的,由行为人依法承担赔偿责任。有限合伙人则可以将其在有限合伙企业中的财产份额出质。

5. 财产份额转让。《合伙企业法》规定:除合伙协议另有约定外,普通合伙人向合伙人以外的人转让其在合伙企业中的全部或部分财产份额时,须经其他合伙人一致同意;有限合伙人可以按照合伙协议的约定向合伙人以外的人转让其在有限合伙企业中的财产份额,但应当提前30日通知其他合伙人。

6. 出资。《合伙企业法》规定:普通合伙人可以用货币、实物、知识产权、土地使用权或者其他财产权利出资，也可以用劳务出资；有限合伙人则不能以劳务出资。

风险提示

合伙人之间权益分配、责任划分要明确。虽然合伙企业对外承担无限连带责任，但是内部合伙人之间还是要按份额分红、承担债务的。如果合伙企业对此没有约定，则很容易导致合伙人之间在分红或承担债务时产生纠纷，进而给企业带来不必要的麻烦。

内部合伙人，打造员工与企业利益共同体经营模式

在影响创业成功与否的重要因素中，首先是团队，其次才是产品。核心团队的构建决定了创业的成败，有好团队，才有可能做出好产品。让员工变成合伙人是增强合伙企业团队凝聚力与战斗力的最佳选择。

企业员工成为合伙人，也被称为"内部合伙人"。内部合伙人指的是认同企业文化，具备企业所需能力、获得股权的员工。内部合伙人与企业形成利益共同体，共同经营、共同创业、共担风险、共负盈亏。内部合伙人制度是指由公司内部员工认购本公司的股份，参与经营，按股份享受红利分配的新型股权形式。下面就介绍有关内部合伙人的内容。

内部合伙人应具备的条件

（1）工作1年以上，符合岗位任职资格；

（2）业务能力强，考核优秀，有成为合伙人的意愿；

（3）与企业价值观相同，具有较强的创业欲望，富有牺牲精神和承

受力；

（4）具有发展潜力和能力的员工，可以破格吸纳。

吸纳内部合伙人的流程

（1）由符合条件的员工向企业提出合伙申请，填写员工合伙申请及认购表；

（2）企业对员工合伙资格进行初审，并由财务等部门核算当期内部股价、额度及认购系数；

（3）对合伙资格及持股方式进行审核，并经合伙人会议复审后予以确认；

（4）合伙人签订内部合伙协议，到财务部确认持股份额并缴款；

（5）企业发放员工持股股权证书，每年按实际出资比例进行工商变更；

（6）正式成为内部合伙人，行使合伙人权力，享受分红。

内部合伙人的权利及义务

（1）内部合伙人的权利。创业公司实施内部合伙人制度时必须要清楚，内部合伙人不仅是公司股东，也是共同创业的伙伴，具有参与公司经营管理活动的权利。内部合伙人在公司对重大投资、业务战略调整等做出决定时，具有股权表决权；对公司发展规划及年度经营计划、分红与配股计划等，具有股权表决权；对公司组织变革及核心制度具有表决权。另外，内部合伙人持有公司股份，还享有公司的股份权利。

（2）内部合伙人的义务。内部合伙人，不仅享有各种权利，还要履行相应的义务。

第一，需要遵守公司的章程，履行合伙人的分管职能，完成合伙人分管的工作任务或业绩指标；

第二，按时出席合伙人会议，为公司经营发展出谋划策；

第三，遵守公司制度，根据个人绩效及公司需要的职务进行调整；

第四，保守公司的商业机密。

合伙企业的分类及特点

1. 普通合伙企业。普通合伙企业指的是由普通合伙人组成，根据《合伙企业法》规定，合伙人对合伙企业的债务承担无限连带责任的一种合伙企业。普通合伙企业的特点主要有以下两点。

（1）由普通合伙人组成。普通合伙人指的是在合伙企业中，对合伙企业的债务依法承担无限连带责任的自然人、法人和其他组织。

（2）合伙人对合伙企业债务依法承担无限连带责任，法律另有规定的除外。无限连带责任包括连带责任和无限责任两个方面。

2. 有限合伙企业。有限合伙企业由普通合伙人和有限合伙人组成。普通合伙人对企业的债务承担无限连带责任，有限合伙人则以其认缴的出资额为限，对合伙企业的债务承担责任。有限合伙企业的特点主要有以下几点。

（1）有限合伙企业由2~50个合伙人设立，法律另有规定的除外。

（2）有限合伙企业至少应有1个普通合伙人。

（3）有限合伙企业名称中应标明"有限合伙"字样。

（4）有限合伙人可以用货币、实物、知识产权、土地所有权或者其他财产权利作价出资。

（5）有限合伙人不得以劳务出资。

（6）有限合伙人应当按照合伙协议的约定，按期足额缴纳出资；未按期足额缴纳的，应当履行补缴义务，并对其他合伙人承担违约责任。

（7）有限合伙企业登记事项中应当载明有限合伙人的姓名及认缴的出资数额。

（8）有限合伙企业由普通合伙人执行合伙事务，执行事务合伙人可以要求在合伙协议中确定执行事务的报酬及报酬提取方式。

（9）有限合伙人不执行合伙事务，不能对外代表有限合伙企业。

⚠ 风险提示

合作时要想好不合作时怎么办，当一方合伙人退出时，责任谁来承担，这些要提前签到合同里，不要意气用事。千万不能有"大家是朋友，不必计较"的心态，合理的退出机制也是双方合作的基础和重要组成部分。

实战链接：创业合伙协议（书）范本

创业合伙协议书

合伙人：

姓名_____，性别_____，年龄_____，住址_____

姓名_____，性别_____，年龄_____，住址_____

姓名_____，性别_____，年龄_____，住址_____

（其他合伙人按上列项目顺序填写）

第一条　合伙宗旨

合伙宗旨：_____

_____

第二条　合伙经营项目和范围

合伙经营项目：_____

_____

合伙经营范围：_____

_____

第三条　合伙期限

合伙期限为____年，自____年__月__日起至____年__月__日止。

第四条　出资额、方式、期限

1. 合伙人_____（姓名）以_____方式出资，计人民币_____元；

合伙人_____（姓名）以_____方式出资，计人民币_____元；

合伙人_____（姓名）以_____方式出资，计人民币_____元。

（其他合伙人同上顺序列出）

2. 各合伙人的出资，于____年____月____日以前交齐，逾期不交或未交齐的，应对应交未交金额数计付银行利息并赔偿由此造成的损失。

3. 本合伙出资共计人民币_____元。合伙期间各合伙人的出资为共有财产，不得随意请求分割，合伙终止后，各合伙人的出资仍为个人所有，至时予以返还。

第五条　盈余分配与债务承担

1. 盈余分配，以_____为依据，按比例分配。

2. 债务承担，合伙债务先由合伙财产偿还，合伙财产不足清偿时，以各合伙人的_____为据，按比例承担。

第六条　入伙、退伙、出资的转让

1. 入伙：

（1）须承认本合同；

（2）须经全体合伙人同意；

（3）执行合同规定的权利、义务。

2. 退伙：

（1）须有正当理由方可退伙；

（2）不得在合伙不利时退伙；

（3）退伙须提前＿＿＿＿月告知其他合伙人并经全体合伙人同意；

（4）退伙后以退伙时的财产状况进行结算，不论以何种方式出资，均以金钱结算；

（5）未经合同人同意而自行退伙给合伙造成损失的，应进行赔偿。

3. 出资的转让：

允许合伙人转让自己的出资。

转让时，合伙人有优先受让权，如转让合伙人以外的第三人，对第三人按入伙对待，否则以退伙对待转让人。

第七条　合伙负责人及其他合伙人的权利

1. ＿＿＿＿＿＿＿＿＿为合伙负责人，其权限是：

（1）对外开展业务，订立合同；

（2）对合伙事业进行日常管理；

（3）出售合伙的产品（货物），购进常用货物；

（4）支付合伙债务。

2. 其他合伙人的权利：

（1）参与合伙事业的管理；

（2）听取合伙负责人开展业务情况的报告；

（3）检查合伙账册及经营情况；

（4）共同决定合伙重大事项。

第八条 禁止行为

1. 未经全体合伙人同意，禁止任何合伙人私自以合伙名义进行业务活动；如其业务获得利益归合伙，造成损失则按实际损失承担全额赔偿责任。

2. 禁止合伙人参与经营与本合伙竞争的业务。

3. 禁止合伙人再加入其他合伙。

4. 禁止合伙人与本合伙签订合同。

5. 如合伙人违反上述各条，应按合伙实际损失赔偿。不听劝阻者可由全体合伙人决定除名。

第九条 合伙的终止及终止后的事项

1. 合伙因以下事由之一得以终止：

（1）合伙期届满；

（2）全体合伙人同意终止合伙关系；

（3）合伙事业完成或不能完成；

（4）合伙事业违反法律被撤销；

（5）法院根据有关当事人请求判决解散。

2. 合伙终止后的事项：

（1）即行推举清算人，并邀请＿＿＿＿＿＿作为中间人（或公证员）参与清算；

（2）清算后如有盈余，则按收取债权、清偿债务、返还出资、按比例分配剩余财产的顺序进行；固定资产和不可分物，可作价卖给合伙人或第三人，其价款参与分配；

（3）清算后如有亏损，不论合伙人出资多少，都先以合伙共同财产偿还，合伙财产不足清偿的部分，由合伙人按出资比例承担。

第十条　纠纷的解决

合伙人之间如发生纠纷，应共同协商，本着有利于合伙事业发展的原则予以解决。如协商不成，可以诉诸_____法院。

第十一条　其他

1. 本合同自订立并报经工商行政管理机关批准之日起生效并开始营业。

2. 本协议如有未尽事宜，应由合伙人集体讨论补充或修改。补充和修改的内容与本协议具有同等效力。

3. 本协议正本一式____份，合伙人各执一份，送____各存一份。

全体合伙人（签名）：_____

_____年___月___日

第二章
寻找合伙人,是创始人的第一要务

组建合伙人团队是企业创始人最重要的事情,首先要思考找什么样的合伙人,什么样的合伙人能把自己的想法变成现实。创业之初,由于受各方面条件的限制,创始人通过大规模公开筛选人才的方式选合伙人显然不现实。创始人的个人魅力,在这个阶段尤为重要。

合伙创业三要素：创业、老板、合伙人

绝大多数人都做过当老板的梦，都有创业的冲动，有的人成功了，有的人失败了，而更多的人止步于梦，并未付诸行动。如果你有"老板就是享受权利，高高在上"的想法，那么，你暂时不适合合伙创业，除非你彻底改变自己的观念。

创业，不能狭隘地理解为创办企业，而是应该理解为创立一份能让自己为之奋斗一生的事业；老板，并不意味着权力和利益，更多承载的应该是责任与梦想；合伙人，不只是资金、技术等方面的合作伙伴，更应该是为了共同的目标与梦想走到一起，求同存异、同甘苦共患难的人。

多数人认为，这太理想化了，创业无非是找个能赚钱的项目，找到资金与合伙人，创业就容易成功了。其实不然，马云与他的"十八罗汉"创立阿里巴巴就是最好的例子。因梦想创业，为梦想坚守，十八位联合创始人合作至今未曾出走一人。这也得益于阿里巴巴这艘巨轮的掌舵者马云卓越的管理艺术，可以说，马云就是一位境界极高的创业者和

老板。

做一个高境界的老板，至少要做到"三不"，即在某种特定环境下，能做到"看不见""听不到""做不到"。这需要经验和时间的累积，并没有什么技巧可循。再来说说创业这个令人振奋的事。当你找到一个适合自己、前景又好的项目时，你的事业可能已经成功一半了。当然，想要成为一个创业者，你必须具备以下基本素质。

（1）必须具有探索新鲜事物的素质；

（2）必须要有"造反"精神；

（3）必须胆大；

（4）必须同时具有宁死不屈和善于妥协的精神；

（5）必须精力旺盛。

合伙创业优势明显，棘手问题也很多，不同合伙人有不同的能力与个性，选错合伙人，很容易让一个初创企业瞬间瓦解。一位具备领导潜能的创业者，该如何选择自己的合伙人呢？

德才兼备

初创企业更适合野蛮生长，也就是说，企业靠的是激情和自发，合伙人的首选就是德才兼备，如果每天防着对方，则企业还怎么发展？

志同道合

企业是利益共同体，在合作过程中，意见产生分歧是必然的，正因为有了不同的意见，企业才能有更大的发展空间。正所谓求同存异，每个人都有不同的个性,合伙人志同道合,才更容易沟通,更容易做到求同存异。

风险共担

创业要做好不断犯错的准备,创业合伙人只有共同承担责任,企业才能在不断犯错、不断学习改过的过程中成长。中止合伙关系并不是可怕的事情,如果合伙人不愿意共同面对风险,不愿意承担责任,果断中止合伙关系对企业发展而言是好事。

合伙创业,创始人只有与合伙人和谐相处,合作才能长久;而合伙人也要摆正自己的位置,既然自己是合伙人、出资人,就要时刻提醒自己,双方都是为了共同的目标和利益才走到一起的,无论发生什么矛盾,都要坦诚交流。

合伙创业有问必答

问:我们三个合伙人是同事关系,因为志趣相投,决定一起辞职创业。其中一位同事表示,他可以多出资、出力,必须要当老大。三个人合伙创业,大家都是平等的,为什么他要来当老大呢?我们该怎样反驳他呢?

答：首先，你的这种想法是错误的；其次，合伙企业必须有一个掌舵人，把控企业的发展方向。你想，如果三个人都说了算，那关键时刻公司就会很难做出正确的决策，从而直接影响公司的发展。假如你的这位同事能力的确很强，让他当掌舵人有什么不可以的呢？要知道，公司老大得到的不只是权利，还要承担更大的责任。如果能够保证公司良好的发展，为什么要反驳呢？合伙创业，争权夺利是大忌，共谋发展才能成功。

风险提示

合伙创业初期，创业合伙人要明确各自的职责，要拿出书面的职责分析。在长期合作过程中，将责任明确化、细节化最重要，这样才能保证在后续的经营中不至于因责权不明而互相扯皮，甚至反目成仇。目前，合伙创业的企业出现的很多问题，都是由责任不够明细引起的。

创业之初，寻找合伙人不能随意而为

合伙创业失败的例子非常多，合伙人不合适、散伙、内讧是导致创业失败的主要原因。许多人开始创业时，团队意识淡薄，认为创业就是一群人在一起做事。结果，许多年轻的创业者满怀激情地找到自己的创业合伙人，却最终因为彼此不合适，不得不以散伙结束。

在创业之初，怎样才能找到靠谱的创业合伙人呢？是不是只要有共同目标、共同理想就足够了呢？目标和理想当然是合伙创业的重要因素，但合伙人光有目标和理想是不够的。下面就让我们结合案例来分析一下，创业伊始怎样寻找创业合伙人。

只有激情不行，还要有耐心

有些人有创业激情，也有独特的想法，谈合作时也容易达成一致，给人一种非常适合合作的感觉，似乎总有说不完的观点、想法和建议。但是，不能忽略的是，这些人缺乏经验，激情来得快，退得也快。他们无法面对挫折和困难,一旦创业过程中遇到问题,就会推卸责任,甚至直接逃跑。

小李创业之初,组建了一个很优秀的团队,也有一个很优秀的合伙人,认真负责地和团队一起做事,很关心项目的发展。小李的合伙人经常跟着团队一起做推广,反映用户体验。但是随着项目的不断推进,小李的合伙人渐渐失去了耐心,三天两头地询问公司的发展规划,催促公司融资,还带动团队其他人向公司施压,最后干脆不来了。结果,公司员工大量流失,项目被迫中止,小李创业也宣告失败。

创业合伙人有激情是好事,但如果做事缺乏耐心,不能持之以恒,对于创业团队而言就是隐患了。因此,寻找创业合伙人,不能只看有没有共同目标,有没有激情,相对于创业激情而言,有一份能将创业激情保持下去的耐心和恒心更加重要。

不是所有高级人才都适合成为合伙人

刘备三顾茅庐请诸葛亮出山,看重的是诸葛亮的才能,后来诸葛亮也证明了自己是一位优秀的合伙人。创业者都期望拥有一位"诸葛亮式"的合伙人,既有经验,又有才能。于是,各企业高管和职业经理人成了创业者寻求合伙人过程中优先追逐的对象。

高级经理人有管理经验,知道怎样带团队,如果同时拥有创业的激情和梦想,则的确是很好的合伙对象。但是,此类合伙人很难被创业者驾驭、股份分配、管理职责等都需要从细节入手，并签订合伙协议，用制度管理代替人的管理。只有这样，才能让合作关系尽可能地保持长久。

创业合伙人不能选择兼职人员

有些在职人员认为，自己反正有工资，多一个机会，又不付出什么，空余时间做点事，万一运气好，融资上市了呢！这类人非常不适合做创业合伙人。创业是非常辛苦的，尤其在创业之初，许多具体工作需要立即完成，兼职的人是不可能及时将任务完成的，这就会造成项目一拖再拖，长此以往，团队也就散了。

当然，也有人会提出质疑，因为创业合伙人中，很多都是从兼职开始的。这里要说的是，兼职创业这种形式，对创业而言是不太合适的。创业，需要用时间去拼搏，需要真刀真枪地干。如果是真心创业，创业合伙人就不要选择兼职人员。

创业选择合伙人最重要的一点，是选择能够在创业过程中有时间、有精力、有能力，且能起到积极辅助作用的人，而不是随意找个朋友做合伙人。

对创业而言，创业过程就是经历和成长的过程，也是寻找真正适合一起创业的合伙人及不断修正做事办法的过程。如果不想经历这些过程，则创业很难成功。

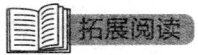 拓展阅读

创业者要用仅有的时间做正确的事

创业者在做产品定位的过程中,将问题从开放转向封闭是一项重要的能力。选择做什么相对容易,最困难的是选择不做什么。对创业者而言,大多数人没有想清楚自己现在做的事是不是最值得做的事。

一个健康的创业团队,产品负责人要根据市场情况、自身优势等来综合判断产品的价值。产品的价值体现为以下几点。

1. 竞争优势。创造出能够满足用户需求的产品,就意味着用户不会选择用其他方式(比如竞争对手们在做的)来满足自己的需求。

2. 销售量。提高销售量可以让企业获得更多的用户,拿到更多的订单。

3. 用户满意度。无论是通过解决产品缺陷还是增加产品新功能,都要触到用户的痛点,这是保留当前用户,同时赢得良好口碑的关键。

4. 战略。创业者一定要让自己想做的产品在一个更大的战略层面取得领先地位。

当然,不同行业的创业者,对产品价值的判断有各自不同的参考标准,上述标准都是主要驱动因素。如果创业者无法从任何一个点来定义产品的价值,就不要做无用功了。

> **风险提示**
>
> 许多创业者在创业过程中,面对最艰难的问题就是,最后没钱继续往里投了。因此,许多创业者都想借助资本的力量。但是别忘了,创业公司一开始拿不到钱会死,拿了一部分钱后,没拿到下一轮的钱会死,拿到投资却不能科学规划,也会死。

找到一位优秀的创业顾问将事半功倍

作为创业者,你可能善于管理,也可能善于营销,但是这些还不够,你还需要了解更多关于产业的知识。你不可能在每个专业领域都具备专业的知识和技能,这个时候,你就需要一些可以回答你问题的人了,这些人就是创业顾问。

顾问是一个职位,泛指在某件事情的认知上达到专家程度的人。顾问提供的意见以独立、中立为首要,简单理解,就是可以回答你问题的人。创业顾问介于共同创始人与投资人之间,从某种意义上来说,属于另一种形式的共同创始人。

拥有一个优秀的顾问或者顾问团队,将会大大提升创业的成功率。美国硅谷创业团队,创业的第一件事就是积极寻找好顾问,这一点,正是国内创业者意识上欠缺的。通俗地说,就是要积极地向前辈学习,成功概率远大于闭门造车。

创业者怎样才能找到好顾问

优秀的创业顾问通常都是资深的创业者，在公司经营、创业技巧等方面，都能给予创业者很大的帮助。找到一个优秀的顾问，可以让创业者规避许多创业过程中的风险，少走许多弯路。

寻找创业顾问要像找共同创始人一样，不能操之过急，也没有标准的流程。首先，要在同行业中寻找；然后，要多看经历，少看学历；最后，要通过自己的社交网寻找可以信任的、能够真正帮到你的业界专家。顾问不同于共同创始人之处在于，顾问可以服务多家公司，甚至几十家公司。

创业者怎样选择适合的顾问

顾问通常分为两种：一种是专业能力很强，但不懂怎样给出建议，例如在某个产品销售领域具有丰富经验的人；另一种是非常懂得给建议的艺术，舌绽莲花，但缺乏实战经验的人。创业者都想找到两者兼备的顾问，但大多数时候都不尽如人意，这就要求创业者根据自身的创业需求，有倾向性地进行选择。

多数创业者，都会倾向找一个在某个领域有丰富经验的顾问，不能忽略的是，如果沟通不畅，双方合作就会出现问题。因此，创业者平衡这两点非常重要。例如，有些顾问以鼓励为主，有些顾问喜欢靠数据说话，有些顾问喜欢分析问题，所以，选择顾问时，创业者一定要考虑顾问的个人风格，确定自己需要哪种风格的顾问。

有些创业公司认为顾问是临时帮忙的人,这种错误的意识导致这些创业公司很难从顾问那里得到真正有价值的建议。

将顾问当作另一种共同创始人,才是创始人应有的心态。创业公司不仅要从顾问那里得到建议,更要从顾问那里学到解决问题的方法,这才是创业公司聘请创业顾问的真正价值。

合伙机制不能落地易导致创业失败

合伙人机制在互联网时代能够稳定地凝聚人心,但是,如果合伙人机制不能在企业中成功落地,就会给创业企业带来意想不到的麻烦,甚至导致创业失败。因此,公司引入合伙人机制,必须要预防风险、规避误区。

1. 慎重引入合伙人机制。许多公司因为引入合伙人,不但没有让公司发展壮大,反而因意见不合及其他问题导致合伙关系破裂,进而导致公司分裂,甚至消失,类似的例子比比皆是。企业想要规避这个风险,必须在合伙人分级体系、分红权、股权分离以及合伙人进入与退出机制上加以设计,让制度踏踏实实地落地。

2. 合伙人不只是多发点钱。合伙人不只是享有股权和分红,还要匹配相应的参与公司经营决策的权利,真正的合伙人应该是自我驱动的、乐于为事业奉献的、有耐心等待收获的人。企业想要规避这个误区，就要在经济相关的权限上以及在合伙人团队建设、合伙人责任与权利上进行设计，通过这种方式让合伙人与企业共担风险、共谋发展。

3. 勿让合伙人坐享其成。合伙人机制如果不能坚持"谁贡献，谁分享"的原则，就会造成公司内部利益分配不均，导致进入合伙人体系的人出不去，有能力的人进不来，合伙人就会变成只坐在蛋糕上把自己吃胖的人，对创业公司而言，有百害而无一利。

总之，外部环境的快速变化给创业企业带来了极大的不确定性，合伙创业需要根据项目的实际情况慎重考虑、科学规划，让合伙人机制真正落到实处。既不违背合伙人机制共享愿景、共谋发展、共享利益的初衷，也不违背管理的常识和基本法则。只有这样，合伙人机制才能帮助创业公司无往不利。

风险提示

研究缺口主要存在于仅凭个人兴趣所做的研究判断和基于市场潜力的商业判断之间。创业合伙人与创业者在研究的过程中，出现意见分歧不可避免，从市场竞争中生存下来的过程中，可能耗资巨大，创业合伙人的研究分歧很可能成为创业的风险。

初创企业，创始人怎样寻找技术合伙人

一个好项目找不到合适的技术合伙人，一个好团队找不到合适的技术人员，是许多创业者面临的现实问题。创业者可以不懂技术，但是不能不尊重技术，创业者对技术要给予足够的尊重和诚意，才可能吸引优秀的技术合伙人加入。

一个创业项目从启动到产品问世，可能需要一到两年。对技术人员而言，在他们的职业生涯中，有多少个一两年可以折腾，可以试错？思考的成本很低，但项目一旦启动，时间成本是巨大的。创业者不是用一句"你来我们公司就分你××%的股份"的承诺，就能吸引优秀的技术合伙人加入的。

你要找的是否是技术合伙人

创业者要认真思考一下，自己是真的要找一位技术合伙人，还是只想找一个人，将产品快速做出来。技术合伙人担当着首席技术官（CTO）

的角色，承担着架构设计、团队建设、产品研发、人员招聘、商业开发、客户交流等责任，而不只是设计人员。

如果你只是想要快速将产品做出来，那么你需要的是产品开发和设计人员，而不是技术合伙人。因此，假如你对自己的产品有信心，则不必急着随便选择技术合伙人，采用外包的方式也不错，等试验一段时间后再去寻找好的技术合伙人，结果可能会更好。

怎样找到优秀的技术合伙人

（1）团队互补。

技术人员最看重的是自己与团队的互补性，希望找到一个能弥补自己弱项的合伙人。例如融资能力、运营能力，等等。

（2）用吸引代替寻找。

创业者展示的能力越多，越容易吸引优秀的技术人员与之一起干，优秀的技术人员选择合伙人，希望看到的也是创业者展示这些能力。因此，创业者与其苦苦寻找技术合伙人，不如用自己展现出的能力去吸引技术合伙人。

（3）认真、严谨地做事。

简单地说，就是让技术人员感觉到你是在严肃、认真地做事，而不是说空话、画大饼。举个例子，如果你能在产品没有出来的时候，就将产品的概念和卖点宣传出去，就足以证明你在认真地做这件事，这比口若悬河有效。

创业者对技术要有所了解

创业者可以不懂技术,但要对技术有所了解。创业者只有对技术有所了解,才能知道怎样跟技术人员交流,而技术人员更愿意与能与他沟通的人合作。

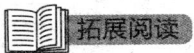

技术合伙人与创业者思考问题的差别

许多创业者认为,既然是找合伙人,就要共同奋斗,不提薪水,为了未来而努力,如果一开始就要钱,还算什么合伙人呢?其实,技术人员与创业者对问题的思考方式是有很多不同点的,下面就让我们来分析一下。

1. 技术人员因本身的职业特点,对风险控制要求极高。例如,我国程序员的职业生涯通常在20~40岁之间,40岁之后再编程,就很难得到认可。因此,对技术人员来说,面临选择时考虑更多的是自己的职业发展方向。因此,当技术人员提出以金钱作为回报时,他们不是不想创业,只是在控制风险。

2. 技术合伙人是创业中前期最重要的实现者,但很多创始人并不明白技术合伙人在什么阶段最重要。事实上,许多创业企业因为找不到早期的技术合伙人,结果就倒在了只有一个创业项目的阶段。技术合伙人在这个阶段,最重要的价值就是将产品做出来。创始人只要找到一个愿意合作的技术合伙人,付一些象征性的费用,做一个版本,上线运营测试一下,就能够知道自己的项目是否可行。这也符合技术人员控制风险的思维方式。

3. 质疑和要求短期回馈是技术人员的核心思维模式,而在创业团队中,创始人是最有激情的那个人。创始人通常是发现了一个市场空白或机会,认为这是成功的机会,就能说服自己。技术人员则恰恰相反,当外人阐述一个理念时,他们的第一反应通常是质疑。

因此,创业者如果自身不是技术人员,就要尝试互换一下角色,理解技术合伙人,让双方在相互磨合的过程中,不断建立信任。

⚠ 风险提示

技术合伙人对创业想法提出质疑,要求短期回报,只是为了控制风险。技术人员参与创业项目,本身就是在冒风险。创业者创业失败,还可以重新找项目重新开始,而技术人员一旦失败,失去的可能就是整个职业生涯。

实战链接：合伙企业协议（书）范本

合伙企业协议书

甲方：_____

姓名：_____

性别：_____

身份证号：_____

住址：_____

乙方：_____

姓名：_____

性别：_____

身份证号：_____

住址：_____

丙方：_____

姓名：_____

性别：_____

身份证号：_____

住址：_____

丁方：_____

姓名：_____

性别：_____

身份证号：_____

住址：_____

戊方：_____

姓名：_____

性别：_____

身份证号：_____

住址：_____

以上五方本着平等、自愿、充分协商的原则，就合伙经营_____事项，达成如下合伙协议：

一、合伙经营项目

各方共同经营位于_____的字号_____的店铺，经营范围为____，法定代表人为_____，_____系该店铺的_____。

二、合伙期限

合伙期限从本协议签订时开始，到各合伙人均同意终止时终止。

三、出资额、出资方式

1. 该合伙项目的总出资额为人民币_____元，各合伙人均以现金的方式出资，每人出款金额相等，为人民币_____元。各合伙人在合伙项目中所占份额相等，均为_____%。

2. 各合伙人的出资必须于_____年____月____日之前完成，汇到银行卡上，卡和密码由各方认同的指定人持有，使用该资金时，须至少两人同时在场。其他合伙人有监督和核查权。

逾期未出资或者未完全出资的，取消其合伙资格并由其赔偿由此造成的损失。

3. 在合伙期间，各合伙人的出资为共有财产，任何合伙人不得要求随意请求分割。合伙终止后，各合伙人的出资仍然为个人所有，届时予以返还。

四、盈余分配与债务的承担

1. 盈余分配：除去经营成本、日常开支、工资、奖金、须缴纳的税费等的收入为净利润，即合伙创收盈余，此为合伙分配的重点，将以合伙人出资为依据，按比例分配。

2. 债务承担：如在合伙经营过程中有债务产生，合伙债务先由合伙财产偿还，合伙财产不足清偿时，以各合伙人的出资为据，按比例承担。

五、入资、退资、出资的转让

1. 入资：

新合伙人入资必须经全体合伙人同意；新合伙人须承认并签署本合伙协议；除入资协议另有约定外，入资的新合伙人与原合伙人享有同等权利，承担同等责任；入资的新合伙人对入资前合伙企业的债务承担连带责任。

2. 退资：

（1）自愿退资。在经营期限内，有下列情形之一时，合伙人可以退资。

① 合伙协议约定的退资事由出现；

② 经全体合伙人书面同意退资；

③ 发生合伙人难以继续参加合伙项目的法定事由。

合伙人擅自退资给合伙造成损失的，应当赔偿其他合伙人的全部损失。

（2）当然退资。合伙人有下列情形之一的，属于当然退资。

① 死亡或者被依法宣告死亡；

② 被依法宣告为无民事行为能力人；

③ 个人丧失偿债能力；

④ 被人民法院强制执行在合伙企业中的全部财产份额。

以上情形的退资以实际发生之日为退资生效日。

（3）除名退资。合伙人有下列情形之一的，经其他合伙人一致同意，可以决议将其除名。

① 未履行出资义务；

② 因故意或重大过失给合伙项目造成经济损失的；

③ 执行合伙事务时有不正当行为；

④ 合伙协议约定的其他事由。

对合伙人的除名决议应当书面通知被除名人。被除名人自接到除名通知之日起，除名生效，被除名人退资。

合伙人退资后，其他合伙人与该退资人按退资时的合伙项目的财产状况进行结算。

3. 出资的转让：

允许合伙人转让其在合伙中的全部或部分财产份额。在同等条件下，其他合伙人有优先受让权。如向合伙人以外的第三人转让，第三人应按新入资对待，否则以退资对待转让人。合伙人以外的第三人受让合伙项目的财产份额的，经修改合伙协议即成为合伙项目的合伙人。

六、合伙人的权利和义务

1. 合伙人的权利：

合伙事务的决定权、监督权和具体的经营活动，以及重要事项须由合伙人各方共同决定；合伙人享有合伙利益的分配权；合伙经营积累的财产归合伙人共有；合伙人有退资的权利。

2. 合伙人的义务：

按照合伙协议的约定维护合伙财产的统一，分担合伙经营的损失和债务，为合伙债务承担连带责任。

七、禁止行为

1. 未经全体合伙人同意，禁止任何合伙人私自以合伙名义进行业务活动；如其业务获得利益归全体合伙人，造成的损失由该合伙人个人全额进行赔偿。

2. 禁止合伙人参与经营与本合伙项目相似或有竞争的业务。

3. 除合伙协议另有约定或者经全体合伙人同意外，合伙人不得同本合伙企业进行交易。

4. 合伙人不得从事损害本合伙企业利益的活动。

八、合伙的终止和清算

1. 合伙因下列情形解散：

（1）合伙期限届满；

（2）全体合伙人同意终止合伙关系；

（3）已不具备法定合伙人数；

（4）合伙事务完成或不能完成；

（5）被依法撤销；

（6）出现法律、行政法规规定的合伙企业解散的其他原因。

2. 合伙的清算：

（1）合伙解散后应当进行清算，并通知债权人。

（2）清算人由全体合伙人担任或经全体合伙人过半数同意，自合伙企业解散后15日内指定合伙人或合伙方共同清算或委托律师、会计师等第三人，担任清算人。15日内未确定清算人的，合伙人或者其他利害关系人可以申请人民法院指定清算人。

（3）合伙财产在支付清算费用后，按下列顺序清偿：合伙所欠招用的职工工资和劳动保险费用，合伙所欠税款，合伙的债务，返还合伙人的出资。

（4）清偿后如有剩余，则按本协议第四条第一款的办法进行分配。

（5）清算时合伙有亏损，合伙财产不足清偿的部分，依本协议第四条第二款盈余分配的办法办理。各合伙人应承担无限连带清偿责任，合伙人由于承担连带责任，所清偿数额超过其应当承担的数额时，有权向其他合伙人追偿。

九、违约责任

1. 合伙人未按期缴纳或未缴足出资的，应当赔偿由此给其他合伙人造成的损失；如果逾期15日仍未缴足出资，按退伙处理。

2. 合伙人未经其他合伙人一致同意而转让其财产份额的，如果其他合伙人不愿接纳受让人为新的合伙人，可按退资处理，转让的合伙人应赔偿其他合伙人因此而造成的全部损失。

3. 合伙人私自以其在合伙企业中的财产份额出质的，其行为无效，由此给其他合伙人造成损失的，该合伙人承担全部赔偿责任。

4. 合伙人严重违反本协议或因重大过失或因违反《合伙企业法》而导致合伙企业解散的，应当对其他合伙人承担赔偿责任。

5. 若合伙人违反本协议第七条规定，应按其他合伙人的实际损失进行全额赔偿，对不听劝阻者，可由其他合伙人集体决定除名。

十、协议争议解决方式

凡因本协议或与本协议有关的一切争议，合伙人之间共同协商，如协商不成，到协议履行地法院通过诉讼解决。

十一、其他

1. 经协商一致，合伙人可以修改本协议或对未尽事宜进行补充；补充、修改内容与本协议相冲突的，以补充、修改后的内容为准。

2. 新入资合同可作为本协议的组成部分。

3. 本协议一式五份，合伙人各执一份，五份合伙协议具有相同的法律效力。

4. 本协议经全体合伙人签名、盖章后生效。

甲方：_____（签字并按手印）

____年____月____日

乙方：_____（签字并按手印）

____年____月____日

丙方：_____（签字并按手印）

____年____月____日

丁方：_____（签字并按手印）

____年____月____日

戊方：_____（签字并按手印）

____年____月____日

Venture Partners

第三章
合伙创业有风险,未雨绸缪才能远行

合伙创业已经成为不少创业者们一致的选择,然而,许多人并没有真正理解什么是合伙人,什么是合伙创业。共担风险并不意味着没有风险,我们只有对合伙创业会遭遇的风险有清醒的认识,才能在创业后规避各种风险,面对困难才能齐心协力地渡过难关,才不至于与合伙人"闪婚闪离"。

与合伙人相处,需要注意的几个问题

创始人与合伙人之间就像谈恋爱,在合作过程中,因有许多棘手的问题难以解决,而导致最终分手的概率非常大。但是,如果创始人与合伙人建立起健康的合作伙伴关系,就能获得比一个人单打独斗更高效、更大的成功。

近年来,阿里巴巴、腾讯等互联网巨头的飞速发展,很大一部分要归功于企业创始人与合伙人建立了良好的合作关系。阿里巴巴的"十八罗汉"最为典型。企业创始人怎样选择合伙人,才能帮助自己将事业提升到一个更高的层次呢?

保持相似的工作习惯

创始人与合伙人之间的关系是平等的,尤其是工作习惯,保持步调一致尤为重要。例如,你习惯了朝九晚五的工作时间,而你的合伙人想来就来,不想来就不来,你们之间的合作关系很快就会出现问题。

因此，双方提前确定工作时间、工作预期、工作责任等非常重要，这有助于减少双方产生不公平的感觉，也有助于养成良好的工作习惯，提升合作的默契。

了解合伙人的财务状况

创业，资金永远都是大问题，资金纠纷也是合伙团队散伙的主要原因之一。创始人一定要了解合伙人的财务状况，了解公司遇到困难时合伙人能生存多长时间。当合伙人的生存无法保证时，任何愿景都是画饼充饥，退伙就是必然的事情了。

因此，了解合伙人的财务状况并不是窥探隐私。相互包容，确保合伙人能承担一定的压力，才能有效地预防散伙，保证合伙人在企业遭遇困难时能够同舟共济，渡过难关。

与合伙人之间技能互补

创始人不要选择与自己相似的合伙人，合伙人应该补充而不是重复创始人的技能。补充和扩展创始人为团队做的事，才是寻找合伙人的目标。

无论是三国中的刘关张团队，还是西游的唐僧团队，他们都能做到技能互补，依靠对方的优势弥补自身的缺点，最终实现共同的目标。如果三国的刘关张团队换成10个诸葛亮，西游的团队换成10个孙悟空，虽然看起来阵容很强大，但结果肯定是一团糟。

与合伙人的愿景保持一致

另外,初创公司时,创始人与合伙人之间意见很容易达成一致,但是一定要明确企业的长期目标,确保创始人的愿景和理想与合伙人的理想是一致的,否则日后很容易产生分歧。如果企业做大以后,因意见分歧导致"分手",则对企业的伤害将是致命的。

 拓展阅读

麦肯锡模式

麦肯锡业务主要是帮助企业高级管理层诊断解决战略、组织机构和经营运作方面的关键性议题,是咨询业的标杆企业。虽然麦肯锡是个国际性公司,但在内部管理方面,一直沿用私营性质的合伙人制。

麦肯锡认为,选择合伙人制是为了确保咨询业务的独立性、客观性,如果公司上市,就会以追求股东利益为发展目标,公司的活动就会受制于股东利益。而选择合伙人制,麦肯锡就能只对客户和麦肯锡负责,而不会受制于其他因素。

在麦肯锡,如果一个员工干得好,有发展前途,就有可能成为合伙人。成为合伙人后,自己的利益就与公司的利益紧密结合起来,就会对公司的利益负责。在利润分配方面,麦肯锡每年的利润都分给合伙人。2001年,麦肯锡全球有合伙人900多人,包括200位资深董事、700多位

董事，董事由全球选举产生，所有董事都担任过普通咨询人员。

另外，麦肯锡有一套人人都接受的全面价值观。在这个价值体系中，他们非常看重合作精神。为强调伙伴合作，他们有一套合伙人选举制度和合伙人评估制度。合伙人评估标准包括与他人合作的能力、培养他人的能力、更好地为客户服务的能力等。

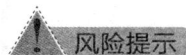

创业活动有两种情况：一是创业者利用某一新技术进行创业，自身是技术专业人才，但不一定具备专业的管理才能；二是创业者想到新的商业点子，但在战略规划上不具备出色的才能，不擅长管理具体的事务。这两种情况都会造成管理上的缺口，增加创业失败的风险。

创业需要勇气，但勇气不能用来内斗

当前，合伙创业已经成为一种潮流，涌现出了许许多多的创业明星。但是，创业者越多，出现问题的概率就越大，这些创业成功者并不能掩盖无数合伙创业因内斗导致的失败。

合伙创业领域经常会爆出某某企业合伙人之间出现内斗的新闻，甚至有些企业因合伙人争夺首席执行官的职位而停止了运营。有位投资人说过这样一句话："创业成功是偶然的事情，是很小概率的事情，创业失败才是必然的。"对合伙创业者而言，内斗是导致创业失败的罪魁祸首。

合伙创业，不能只凭义气

许多合伙创业团队最初都是由家或朋友组成的，团队关系主要依靠感情维系，不注重现代公司的管理模式，也不尊重契约精神，这样就导致了内斗的闹剧不断上演。在很多情况下，几个朋友觉得一个项目不错，就决定一起做了，没有规矩，没有制度，股权也没说清楚，仅凭义气聚集在一起。

在创业初期，这种义气的确可以使大家同心协力促成公司的发展，但是等到项目有了一定的起色，涉及更多的利益时，每个人就有了不同的想法了。尤其是在利益分配方面，一言不合就开始了内斗，甚至有些人彼此之间从朋友变成了仇人。

例如，号称"中式快餐第一品牌"的真功夫，本来有上市机会，但在上市前夕，蔡达标与内弟潘宇海两位创始人出现内讧，由内部分歧上升到诉诸司法程序，导致上市流产，而蔡达标与潘宇海最初的矛盾只是源于婚姻情感问题，结果却闹到不可收拾的地步。

权利争夺，无法走出内斗旋涡的死结

很多人崇尚"宁当鸡头不当凤尾"的理念，在这些人的意识中，处于金字塔尖的人意味着对权利和资源的掌控。所以，随着创业的成功和业绩的增长，很多创始人容易滥用职权，将功臣踢出团队之外，在这种背景下，内斗就成为走不出的死结。创业的合伙人当然不愿意被清洗，就会反抗，甚至自立门户。

总之，创始人与合伙人之间内斗的目的无非是获得更高的权力及地位，谋求更多的利益等。导致这种现象出现的一个主要原因就是社会价值标准单一，很难融入现代企业管理模式。即便是许多巨头企业的创始人，也很难摆脱这一价值观，都是退而不休。观念上的转变，或许还需要很长时间。每位创业者能够付诸行动，就已经比大多数人更有勇气了。不过，这种勇气应当用在企业的经营与发展上，而不是在企业创业稍显成效后，用在争权夺利的内斗上，导致企中道崩殂。

创业企业组织设计程序

组织设计指的是根据组织目标及工作的需要，确定各个部门及其成员的职责范围及组织结构。组织设计的内容简单说主要包括组织职能设计、组织部门设计、组织职位设计、工作协调关系设计。组织设计是一个动态过程，只有根据组织设计内在的规律有步骤地进行，才能取得良好的效果。组织设计的程序主要有以下几点。

1. 确定设计原则。根据企业目标及特点确定组织设计的方针、原则和主要考虑的内容。

2. 职能分析与设计。确定管理职能及其结构，层层分解到各项管理业务及工作中，进行管理业务的总设计。

3. 设计组织结构框架。设计各个管理层次、部门、岗位以及责任、权利，确定企业组织结构图。

4. 设计工作方式。对具体工作职能的实施进行工作程序设计，包括工作信息的传递与交流、工作岗位之间的协调方式等。

5. 管理规范设计。主要设计管理工作程序、管理工作标准及管理工作方法，作为管理人员的行为规范。

6. 人员培训及配备。根据结构设计，定质、定量地配备各级人员。

7. 运行制度设计。设计管理部门和人员绩效考核、精神鼓励和工资奖励、管理人员培训制度。

8. 反馈及纠正。根据运行过程中的信息反馈，定期或不定期地对上述各项设计进行必要的修正。

合伙创业涉及的法律问题有很多，在创业过程中，即便合作伙伴关系再亲密，创业伊始都要通过合伙协议或公司章程等制度性文件明确各个创业者之间的权利、义务划分等情况，就利益分配、债务承担等问题做出明确约定，引入合伙人进入和退出机制，避免日后合伙人之间出现内斗。

合伙创业有风险,有些坑一定要绕过

创业有风险,太多创业公司因为缺乏经验而失败了。从零建设一家公司,对一个没有经验的创业者而言是一个不小的挑战,由于缺乏商业领域的经验,因此即便拥有很好的创意,也会面对很多难以预料的风险。

怎样管理初创企业,怎样与合伙人相处,怎样雇佣员工,怎样规避风险,等等,这些问题都是创业者要面对的问题。这些问题对满怀激情的创业者而言,如果处理不好,就会导致创业失败。为了保证创业不胎死腹中,有些坑一定要绕过,有些错误一定要避免。

避免单打独斗

创业是一项艰苦的工作,一个人很难独自承担,当创业遭受挫折时,没有他人的鼓励,很难继续。

在多数情况下,合伙人的帮助和鼓励,能让你破冰成功,渡过难关。面对竞争激烈的市场环境，公司的市场规划、产品或服务构建、筹集资金等工作，只靠单打独斗是无法完成的。

完善商业计划

一个完善的商业计划对创业成功起着至关重要的作用，它能引导创业公司朝正确的方向发展。商业计划包括公司宗旨、潜在的客户、公司使命和价值观、公司发展方向、公司的竞争对手等等。

完善的商业计划决定着创业企业的各个方面，当创业遇到问题或停滞不前时，企业随时可以参考商业计划。另外，一份完善的商业计划也有助于公司从长远的角度确定发展方向，而不是像无头苍蝇一样乱闯一通。

正确处理资金

创业初期，寻找资金是非常重要的事情，同时还要对资金做好管理。许多创业失败者，融到钱没有合理利用是导致其失败的主要原因之一。有些创始人经不起诱惑，没有充分利用融来的钱，不必要的费用过高，结果资金白白浪费了。而风险投资公司交给你一大笔钱，是期待回报的，如果你不能合理地利用这些资金，后续融资就会出现问题，资金链就会断裂，创业就无法进行下去了。

调整业务重心

并不是任何事都能完全按照计划进行下去，对每个创业者来说，面对瞬息万变的市场环境，及时调整业务重心是成功的关键。一名优秀的创业者，要学会为每个风险都准备一个备用计划，以便企业在遭遇问题时能迅速转换业务重心。

有些创业者认为，自己做的是小众产品，有特定的消费人群，竞争也不激烈，没什么风险。实际上，如果你真的做出了什么好产品，就一定会有竞争对手，而且还会来得很凶猛。因此，要提前做好准备，以便更好地解决问题。

 拓展阅读

阿里巴巴"合伙人"方案

阿里巴巴在香港证券交易所上市之前，双方就"合伙人"方案进行了长时间的争论与协商。阿里巴巴希望采取的"合伙人"方案，与香港的合伙条例中的合伙制概念完全不同。阿里巴巴的"合伙人"方案主张合伙人对董事会人选进行提名，而不是按照持股比例分配董事提名权。

阿里巴巴方案中的"合伙人"并不像合伙企业中的合伙人一样，需要对企业的债务承担连带责任，而是指高度认同公司文化，加入公司至少5年的特定人士。

这类似许多咨询公司、投资银行类的公司制企业，高级管理者的头衔被称为"合伙人"，并不属于法律意义上的合伙人。如果不谈法律上有限合伙、普通合伙的规定，不看更广意义上的众筹合伙人的灵活应用，仅从管理意义上来看，合伙人制是一剂万能良药吗？

无论是互联网巨头阿里巴巴,还是地产界的翘楚万科,建立的"合伙人机制"都成了管理界的热点。其实,在我国"合伙"是一个极其古老的概念,甚至无法追述缘起。合伙人从广义上来说,就是一群志同道合的人,为了一个目标聚集在一起,如刘关张桃园结义,而500年前的晋商身股则是商业社会中最早对合伙人的应用了。

! 风险提示

在创业过程中,创业者习惯性地认为企业是私人财产,企业的钱就是自己的钱。这种意识在公司制度中非常危险,当公司财产与个人财产交叉使用时,创业者很可能会涉及挪用资金罪等。

当合伙关系变得糟糕时，散伙要果断

许多合伙创业者，一开始都是一两个或几个朋友，想到一个很好的商业点子，协商一致后便开始了创业之旅。大家以平等的合作方式投身到实现共同目标和理想的事业中。如果失败，则很可能彼此之间的关系变得非常糟糕。

大多数初创企业的联合创始人一开始都会按照计划来行事。一方面，这种方法是行之有效的；但另一方面，如果合伙人不适合创业，则很容易导致创业失败，哪怕商业点子本身没有问题。

许多问题在创业之前，很难暴露出来，只有创业者亲身参与企业运营之后才能看清这些问题。创业者有许多理由证明自己需要几名合伙人，同样，也有同样多的理由证明自己的合伙人不合适。如果出现以下情况，则散伙是最好的选择。

双方无法沟通

合伙创业,沟通是合作的基础。如果合作双方一开始就存在沟通问题,甚至分歧严重,失败就是注定的。虽然沟通是有技巧可循的,但是如果人们的沟通风格各异,价值观各不相同,则很难顺畅沟通。因此,寻找合伙人的前提条件就是有着相似的价值观和共同的奋斗目标。如果在合作的过程中,合作双方完全无法沟通,则好聚好散是最佳选择。

合伙人能力不足

合伙人能力达不到预期,或者说一名合伙人相信自己有能力管理运营某些职能,但事实证明他能力不足。遇到这种情况时,合伙人要积极沟通,将他调整到合适的岗位,如果还不行,就要考虑解除合伙关系了。如果因为资金或个人的感情因素而心慈手软,企业很可能就会因此被拖垮了。

工作态度不一致

举个简单的例子,创业公司需要处理的事情非常多,也非常繁杂,如果一位合伙人每天工作10个小时,另一位合伙人每天工作4个小时,就很容易出现问题。有些合伙人认为,自己出了钱就是老板,可以不用工作,而且这种错误意识非常普遍,很容易形成"一条鱼腥了一锅汤"的现象。这一点看似无足轻重,实则十分重要,对初创企业而言,这足以致命。

合伙人自以为是

创业者在创业之初有理想和目标作为支撑，公司内工作激情高涨。合伙人与创始人的思维并不相同，有些合伙人自视甚高，认为自己的观点和想法都是正确的，甚至无视公司的发展目标与方向，这非常不利于公司的发展。

这种现象经常出现在有过大公司管理经验的高管及高学历管理人员身上。虽然不能完全否定他们的管理才能和管理方法的正确性，但如果不适合初创企业当前的发展，则任何正确的方法都不能取得良好的效果。

阿里巴巴在创业之初，也曾花重金请了一些大企业的高级管理人才，结果证明，这些高级人才的管理方法与企业文化和发展格格不入，不仅没有起到正面效果，反而掣肘了公司的发展。

合伙人有勇气和激情是好事，但不能自以为是，如果合伙人的观点违背了公司的发展方向，还一意孤行，则无论这个合伙人多么有才华，都要壮士断腕，果断散伙。

技能重复

创始人与合伙人技能重复也是一大弊病，这会使做决策变得非常困难。初创企业需要多样性思维，如果合伙人的技能与创始人相同，就要想办法寻找第三个合伙人，或者干脆和平"分手"。举个简单的例子，创始人善于管理，如果合伙人也只善于管理，创始人在其他方面出现问题时就无法得到帮助。

以上问题,在合伙创业过程中普遍存在。合伙人在发现类似问题后,必须要立即解决,不能掉以轻心。如果不及时处理,日后就会变得更糟。

高调的创业公司容易死掉

高调的创业公司为什么容易死掉?究其原因,主要有两点。

1. 钱没有花在刀刃上。高调的创业公司拿到投资后,在团队福利和一些不重要的事情上花了过多的钱。提高团队福利并没有错,但初创公司的重点是开拓市场和稳定客户,团队的任务是开拓进取,一开始就高福利,不仅不会激发团队的进取心,还容易让团队产生惰性。

某公司邀请了一位新合伙人,这位合伙人之前做的都是大客户,非常有能力,之前的公司也是创业企业,项目很有市场,潜力很大。谈到之前的公司,这位合伙人说前老板对员工说:"我们就是要高福利,还没见过哪个公司因为高福利而垮掉的。"谈到散伙原因,这位合伙人给出了惊人的答案——公司倒闭了!高福利最终把公司拖垮了。

2. 业绩出色导致自我膨胀。当前,创业公司出现得快,倒闭得也快,这已经成为一种普遍现象。短期内业绩出色给创业者造成一种假象：用户是容易获得的，投资是容易到手的，上市不过是分分钟的事。结果，不能踏踏实实地将地基打牢，最终产品失去市场，公司失去客户，想要挽回时已经难于登天了。

⚠ 风险提示

创业者与合伙人普遍直接参与管理，无论有没有管理经验，都会担任重要的管理岗位，特别是在合伙人出资比例相当的情况下。意见不同往往会引发激烈的争论，让问题迟迟得不到解决，甚至互相推诿、互相指责。这不仅会影响合作，导致信任危机，还会影响企业的发展。

实战链接：个人合伙协议（书）范本

个人合伙协议（书）

合伙人：_____

身份证号：_____

地址：_____

合伙人：_____

身份证号：_____

地址：_____

第一条　合伙宗旨_____

第二条　合伙名称、主要经营地_____

第三条　合伙经营项目和范围_____

第四条　合伙期限

合伙期限为_____年，自_____年___月___日起，至_____年___月___日止。

第五条 出资额、方式、期限

1. 合伙人_____（姓名）以_____方式出资，计人民币_____元。（其他合伙人同上顺序列出）

2. 各合伙人的出资，于____年__月__日以前交齐。

3. 本合伙出资共计人民币_____元。合伙期间，各合伙人的出资仍为共有财产，不得随意请求分割。合伙终止后，各合伙人的出资仍为个人所有，届时予以返还。

第六条 盈余分配与债务承担

合伙各方共同经营、共同劳动，共担风险，共负盈亏。

1. 盈余分配：以_____为依据，按比例分配。

2. 债务承担：合伙债务先由合伙财产偿还，合伙财产不足清偿时，以各合伙人的_____为据，按比例承担。

第七条 入伙、退伙，出资的转让

1. 入伙：

（1）新合伙人入伙，必须经全体合伙人同意；

（2）承认并签署本合伙协议；

（3）除入伙协议另有约定外，入伙的新合伙人与原合伙人享有同等权利，承担同等责任；入伙的新合伙人对入伙前合伙企业的债务承担连带责任。

2. 退伙：

（1）自愿退伙。合伙的经营期限内，有下列情形之一时，合伙人可以退伙：

① 合伙协议约定的退伙事由出现；

② 经全体合伙人同意退伙；

③ 发生合伙人难以继续参加合伙企业的事由。

合伙协议未约定合伙企业的经营期限的，合伙人在不给合伙企业事务执行造成不利影响的情况下，可以退伙，但应当提前30日通知其他合伙人。合伙人擅自退伙给合伙造成损失的，应当赔偿损失。

（2）当然退伙。合伙人有下列情形之一的，属于当然退伙：

① 死亡或者被依法宣告死亡；

② 被依法宣告为无民事行为能力人；

③ 个人丧失偿债能力；

④ 被人民法院强制执行在合伙企业中的全部财产份额。

以上情形的退伙以实际发生之日为退伙生效日。

（3）除名退伙。合伙人有下列情形之一的，经其他合伙人一致同意，可以决议将其除名：

① 未履行出资义务；

② 因故意或重大过失给合伙企业造成损失；

③ 执行合伙企业事务时有不正当行为；

④ 合伙协议约定的其他事由。

对合伙人的除名决议应当书面通知被除名人。被除名人自接到除名通知之日起，除名生效，被除名人退伙。除名人对除名决议有异议的，可以在接到除名通知之日起30日内，向人民法院起诉。

合伙人退伙后，其他合伙人与该退伙人按退伙时的合伙企业的财产状况进行结算。

3. 出资的转让：

允许合伙人转让其在合伙中的全部或部分财产份额；在同等条件下，合伙人有优先受让权；如向合伙人以外的第三人转让，第三人应按入伙对待，否则以退伙对待转让人；合伙人以外的第三人受让合伙企业财产份额的，经修改合伙协议即可成为合伙企业的合伙人。

第八条　合伙负责人及合伙事务执行

1. 全体合伙人共同执行合伙企业事务（适用于规模小的合伙企业）。

2. 合伙协议约定或全体合伙人决定，委托_____为合伙负责人，其权限为：

（1）对外开展业务，订立合同；

（2）对合伙事业进行日常管理；

（3）出售合伙的产品（货物），购进常用货物；

（4）支付合伙债务；

（5）_____。

第九条　合伙人的权利和义务

1. 合伙人的权利：

（1）合伙事务的经营权、决定权和监督权，合伙的经营活动由合伙人共同决定，无论出资多少，每个人都有表决权；

（2）合伙人享有合伙利益的分配权；

（3）合伙人分配合伙利益应以出资额比例或者按合同的约定进行，合伙经营积累的财产归合伙人共有；

（4）合伙人有退伙的权利。

2. 合伙人的义务：

（1）按照合伙协议的约定维护合伙财产的统一；

（2）分担合伙的经营损失的债务；

（3）为合伙债务承担连带责任。

第十条　禁止行为

1. 未经全体合伙人同意，禁止任何合伙人私自以合伙名义进行业务活动；如其业务获得利益归合伙，造成的损失按实际损失进行赔偿。

2. 禁止合伙人参与经营与本合伙竞争的业务。

3. 除合伙协议另有约定或者经全体合伙人同意外，合伙人不得同本合伙进行交易。

4. 合伙人不得从事损害本合伙企业利益的活动。

第十一条　合伙营业的继续

1. 在退伙的情况下，其余合伙人有权继续以原企业名称经营原企业业务，也可以选择、吸收新的合伙人入伙经营。

2. 在合伙人死亡或被宣告死亡的情况下，依死亡合伙人继承人的选择，既可以退继承人应继承的财产份额，继续经营；也可依照合伙协议的约定或者经全体合伙人同意，接纳继承人为新的合伙人继续经营。

第十二条　合伙的终止和清算

1. 合伙出现下列情形解散：

（1）合伙期限届满；

（2）全体合伙人同意终止合伙关系；

（3）已不具备法定合伙人数；

（4）合伙事务完成或不能完成；

（5）被依法撤销；

（6）出现法律、行政法规规定的合伙企业解散的其他原因。

2. 合伙的清算：

（1）合伙解散后应当进行清算，并通知债权人。

（2）清算人由全体合伙人担任或经全体合伙人过半数同意，自合伙企业解散后15日内指定＿＿＿＿＿＿合伙人或委托第三人，担任清算人。15日内未确定清算人的，合伙人或者其他利害关系人可以申请人民法院指定清算人。

合伙人（签章）：＿＿＿＿＿＿

＿＿＿＿＿年＿＿＿月＿＿＿日

签订地点：＿＿＿＿＿＿＿＿＿＿

合伙人（签章）：＿＿＿＿＿＿

＿＿＿＿＿年＿＿＿月＿＿＿日

签订地点：＿＿＿＿＿＿＿＿＿＿

第四章
桃园结义,打造能"三分天下"的团队

相关数据显示,目前我国合伙创业的公司,有90%都会失败,拿到投资后,依然会有51%的企业在5年内销声匿迹。失败未必是坏事,只要能从失败中总结经验和教训,获得启发,创业成功的概率就会大大增加。分析和总结合伙创业失败的案例,有一个共同的特点,那就是忽视了合伙人的团队建设。

团队组建机制决定了团队的发展空间

创业是一个不断寻找商机，构筑自己的商业模式，打造一个长青团队的过程。在创业过程中，创业团队需要不断调整方向，争取优势资源，完善团队建设，帮助企业不断地成长和发展。

在这个与资共舞的时代，顶层设计决定了创业团队的发展空间。在创业之初，团队建设至关重要，创始团队的构成影响着后续融资，同时也是推动企业不断成长的基础和原动力。下面，我们就看看有哪些因素影响着团队发展空间与企业的资本结构。

合伙人管理机制

（1）合伙人应具备的条件。

① 拥有创业能力、创业心态、创业坚持；

② 与创始人形成资源互补，能够独当一面，和而不同；

③ 彼此信任，有共同愿景；

④ 共同出资，共担风险。

初创团队在搭建时，积极引进一两个在商界打拼的企业家做顾问或天使投资人，可以从行业、资源、眼界、资金等方面给予团队更大的互补性，而且这些有着丰富经验的商业精英会为团队在后续的融资、规模化运营管理等方面持续加分。

（2）股权机制。

随着企业的不断发展，必然会有新合伙人加入团队，也必然会有老合伙人离去。有些人伴随着团队成长，业绩和能力逐步提升，这就要有相应的正向激励的股权激励方案。也会有一些人因为能力等各方面的原因，跟不上企业发展的节奏，也必须要有一套明确的股权退出机制来实现吐故纳新。

（3）特殊的机制。

当企业发展到一定程度时，合伙人和团队逐步实现财务自由，此时，企业就需要建立特殊机制搭建更高的事业平台，留住更优秀的人才。内部孵化器、产业投资平台、家属商学院等，都是较好的方式。

股权结构与期权池

随着企业业务的不断扩张，企业需要对接投资机构和资本市场，通过稀释股权来融资。

随着融资的进程，企业通常在上市之前要推进3~4轮的融资，融资多轮的也有，但并不多见。

（1）企业初创阶段的"415规则"。

"415规则",简单地说,就是企业创始阶段原则上创始股东不超过4个人,1个控股大股东持股权50%以上。初创企业股东过多会造成沟通成本过高,不利于后续投资资金的进入,一位领头人超过50%的股权,从法律上保证了他对企业所有权和决策权的控制。

股权结构绝对不能平均,如果股权均等,贡献大的合伙人与贡献小的合伙人之间,就会产生不平衡。如果创业失败还好说;如果企业赚钱了,合伙人的心态就会出现变化,各种矛盾也就会暴露出来。

(2)种子期与天使投资。

种子轮融资与天使投资通常在企业初创阶段投入资金,由于前期企业估值较低,融资额度很小,占比却很高,通常在15%~35%之间,原则上最好不要超过40%,毕竟后续的融资会使股权持续稀释,一旦超过这个比例,就会极大地降低创始团队的创业激情。

(3)快速扩张期。

随着企业业务的进一步扩张,企业可以陆续引入风险投资,融资额度不断扩大,企业估值也会持续攀升,股权释放比例则逐步降低,通常从20%逐步降到5%,毕竟公司上市后还要向公众再释放一次股权。

创始团队在上市前股权比例最好保持在50%~60%,上市后创始团队的股权比例也要保持在34%以上。

另外,许多投资机构在投入资金时,往往会要求企业建立期权池,用来激励员工和招募人才,通常由公司创始大股东代持,结合公司业绩和上市进程每年兑现一部分。但是由于股权、期权激励模式不公开,操作也不清晰,因此一旦发生纠纷,就容易加剧内耗。

 拓展阅读

创业的六种合伙方式

1. 均等投资，均等管理，均等收益。创业者投资数额均等，享有均等管理权与收益权，这种方式也是最简单、最初级的一种方式。

2. 均等投资，均等收益，不均等管理。创业者投资数额均等，享有均等的收益权，但参与管理的权利有明显区分。

3. 差异投资，差异管理，差异收益。创业者投资数额不同，享有所对应的收益权，参与管理程度不同。

4. 多方投资，职业经理人管理，按股权收益。创业者投资数额相同或不同，聘用职业经理人进行管理，按出资比例获取收益。

5. 资本与知本结合，由职业经理人管理，按协议收益。创业者投资数额相同或不同，投资性质不同，聘用职业经理人进行管理，按出资比获得收益。

6. 资本与知本结合，首席执行官管理，按协议收益。创业者投资数额相同或不同，投资性质不同，聘请首席执行官进行管理，按出资比例获取收益。首席执行官与传统意义上的总经理或总裁不同，它确立了以首席执行官为中心的管理层，由决策委员或独立董事承担约束职责。

以上方式可以组合演变成多种合伙方式，选择哪种合伙方式，首先要看自身的现实条件。并不是越高级的管理方法就越好，只有适合企业自身发展的方式，才是最好的。

> **风险提示**

合伙企业中最难管的人就是合伙人,他们既是员工又是出资人,许多合伙人不能摆正这种关系,认识不到自己在工作中也是一名普通员工,也要遵守规章制度。如果合伙人把自己当作特殊的人,不遵守规章制度,到处发号施令,就会给合伙执行人和外聘高管的工作造成非常大的负面影响。

从三国刘备团队,看团队成功与失败

诸葛亮从来不问刘备"为什么我们的箭那么少",关羽从来不问刘备"为什么我们的士兵那么少",张飞从来不问刘备"兵临城下我该怎么办"。于是,有了草船借箭,有了过五关斩六将,有了据水断桥吓退曹兵……

在《三国演义》中,蜀国是依靠创业团队建国的,团队中的刘备、关羽、张飞、诸葛亮等人在文学手法的渲染下,每个人身上的优缺点都十分明显。从刘备团队,我们能清楚地看到一个创业团队成功的原因与失败的教训。

创业者——刘备

(1)优点。

刘备早期居无定所,寄人篱下,年过不惑依然不得志。但是,刘备性格坚韧,身处逆境也没有放弃创业的梦想,这正是创业者必须具备的条件之一。刘备在识人用人方面，独具慧眼，对待人才态度诚恳，能够做到礼贤下士，这也是刘备团队在创业后能够迅速崛起的关键。

（2）缺点。

刘备身上的缺点也十分明显，刘表让荆州，刘备三番五次地拒绝，可是根据当时的环境和时机，收下荆州对这个初创团队而言，可以说是保证未来发展的基础。这里面有道义的原因，恐怕也有怕招来杀身之祸的原因。关羽败走麦城后被杀，刘备不顾诸葛亮的劝阻，执意讨伐东吴，结果大败，几十万人战死沙场。作为团队的创始人兼最高领导者，刘备的最大缺点是关键时刻容易感情用事和冲动，缺乏理智。

合伙人——关羽

（1）优点。

忠诚、勇武，这是关羽最大的优点，尤其是忠诚，这是优秀合伙人应该具备的主要条件。关羽最为人称赞的便是忠义，身在曹营心在汉，过五关斩六将留下美名。而且关羽具备卓越的专业技能，也就是武艺高强，生平难逢敌手。

（2）缺点。

忠义过度，太重情义也是关羽的一大缺点，做朋友可以，对创业团队而言，这无疑是致命的缺点。因感激曹操，华容道放走曹操，导致劲敌有了喘息之机；自恃武艺高强，平时极为高傲，结果导致败走麦城。很显然，作为高级管理者，关羽的这个缺点对团队而言是致命的。

合伙人——张飞

（1）优点。

性格耿直，敢于勇往直前，据水断桥，一声大喝吓退曹兵，可见张飞属于心大胆子也大的人。初创企业，非常需要张飞这类人去开拓市场。

（2）缺点。

心直口快，做事全凭借直觉，不计后果。对待员工过于苛刻，目中无人，最终于丧命下属手中。当企业发展到一定程度，张飞这类性格的人，很难遵守规章制度，会给管理带来很大的困难。

合伙人——诸葛亮

诸葛亮在团队中，起到的作用非常大，如果说刘备是董事长，诸葛亮就是首席执行官。诸葛亮负责整个团队的管理与运营，如果没有诸葛亮，仅仅凭借刘、关、张三人，创业是很难成功的。我们来分析一下其中的关键。

首先，能够在一无所有的情况下，招募到诸葛亮这样的人才，可见刘备的个人魅力是非常强大的，这和马云与蔡崇信的相遇非常相似；其次，诸葛亮能成为刘备团队的合伙人，说明两个人之间有着共同的愿景和目标。然而，在创业中后期，刘备管理能力的缺陷暴露无遗，这为蜀国的灭亡埋下了隐患。

创业团队一开始很难招募到诸葛亮这样的人才，即便具备了各样的人才，刘备的这个创业团队，也不能说是最好的创业团队，虽然优点很多，但是缺点致命。因此，创业者在合伙人选择与团队建设方面，一定要考虑在能力、性格、专业等方面进行互补，这样就会大大降低创业的风险。刘备创业团队初期的成功与后期的失败，对那些正在创业或打算创业的人，足以起到一定的借鉴作用。

创业者必须"先小人，后君子"

合伙人发生矛盾冲突如何解决，如何制定退出机制，在创业过程中是很多创业者不愿意去想，也不愿意面对的现实问题。创业初期，创业者必须"先小人，后君子"，事先明确规定一旦和合伙人发生冲突时该如何处理，并建立一套程序来预防这些未知的矛盾。

创业不是儿戏，创业者也必须面对现实，合伙关系中最致命的就是不切实际的期望，创业者与创业合伙人对未来不要盲目乐观。找一个能同风雨共患难的创业合伙人，能将企业带向辉煌；同样，一个不合适的合伙人，能将企业带向灭亡。因此，创业者与合伙人必须具备以下共识。

1. 责任与义务。无论双方以资本入股还是技术入股，合作前都要对自己的责任和收益做出明确的界定，避免以后因为此事起争端。

2. 风险与机遇。合作双方对企业长远发展所面临的机遇与风险有共同的认识，不轻言放弃，不盲目乐观。

3. 决策机制。合作双方建立明确的决策机制，明确争端出现时如何解决，必要时将所有权与经营权分离。

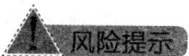

许多创业项目，从一开始就是注定要失败的，例如，利用手机应用程序（APP）帮助用户进行信用卡套现，网贷平台吸收存款放贷等。很多创业团队首先考虑的往往是融资，怎样做强做大，却忽略了项目的合法性论证。如果项目是违法的，不受法律保护的，创业成功的可能性就是零，甚至涉嫌犯罪。

签订合伙协议,保证团队的健康发展

当前,许多创业团队并没有采用法定的合伙企业组织形式,也没有意识到合伙企业与公司组织形式是有区别的。公司股东以认缴出资为限,对公司债务承担有限责任,合伙企业的合伙人则需要承担无限连带责任。

由于创业团队的合伙人结构、行业及项目不同,因此,合伙协议的相关条款也不同。可能许多创业者都意识到了合伙协议的重要性,但仅存在意识之中,并没有落实到文件上,认为只有埋头苦干,将项目做成功才是最重要的。

创业之初签订合伙协议,从某种意义上来说,是制定游戏规则;从法律角度上来说,是对合伙人之间权利和义务的保护,也是对创业项目的保护。尽管合伙协议的条款不尽相同,但其中标配内容大同小异。下面,我们看看合伙协议都有哪些标配内容。

合作背景及创业项目概述

（1）合伙背景是合伙的基础，最容易被忽略。阐述合作背景是对合伙人之间合作的资源的整合分析，也是对合伙人之间各自角色的定位以及对项目贡献的梳理过程。

（2）创业项目是合伙企业的载体。创业之前，首先要将做什么事情，达到什么目标明确化，项目类型、经营范围、领域、定位、运营模式、项目推进计划、发展愿景等，都要尽量细化。

出资方式与股权比例

（1）出资方式。法律规定的出资方式主要有资金、土地、厂房、汽车、专利、商标、著作权、知识产权等动产及不动产。法律规定，劳务不能作为出资方式，未经评估的技术也不能作为出资方式。如果创业实践中有需要，就要通过条款将它合法化。

（2）出资期限。出资期限包括资金到位、动产及不动产权利转移等。知识产权权益转移在创业团队中较为常见，明确约定出资期限能确保合伙人的合作资源同步到位，保证创业项目的顺利进行。

（3）股权比例。通常，出资比例决定了股权比例，但在实践过程中，股权比例不仅要考虑资金因素，还要考虑合伙人对项目的综合贡献因素。因此，股权比例条款不能做常规约定，对于代持情况应加以特别明确。

分工与责任承担

（1）分工。合伙人在共同创业之初，就要对彼此分工有明确的认识和界定，并通过书面形式固定下来，谁是首席执行官，谁是首席技术官，谁是首席运营官等，都要确定下来，这也是决策权限的依据。

（2）责任承担。情怀不能当饭吃，盈亏与责任必须要讲清楚，盈利怎么分享，亏损怎么承担，都要明确下来，做到有章可循，有据可依，先小人后君子。

（3）财务。许多创业团队财务都很不规范，即便没有配备专业的财务人员，也要规范资金保管、支出、记账与监督。

决策权与表决权

创业的不确定性决定了决策权与表决权必须不同，应当引入分歧表决规则。首先，创业团队需要核心，也就是首席执行官。在创业项目及团队重大事项表决方面，首席执行官应当拥有一票通过和否决权，同时，也要就其决策行为承担相关责任。

创业项目保护

创业项目可以说是所有合伙人的心血，许多合伙团队忽略了对创业项目的保护。如果在创业过程中，合伙人分崩离析，退出的合伙人带走积累的技术、知识、经验等，对创业企业就是致命的打击，这种事在创业圈屡见不鲜。

因此，为了防止这种情况出现，创业团队在合伙协议中加入保密、竞业限制、同业禁止、商业模式保护等条款十分必要。

股权转让、退伙及入伙

在创业过程中，合伙人因各种原因退伙以及引进新的合伙人是非常正常的事情。为保证创业项目的稳定性，通常禁止合伙人对外转让股份，退出及入伙必须要制定好规则，必须对退伙准许事由、退伙流程、吸收入伙条件、表决和流程等做出详尽的约定。

总之，在创业之初，很多创业者认为合伙人是同学、朋友、家人，不会有问题，却不料正是这种错误的理念导致很多纠纷发生。从心理学的角度说，人在看不到利益的时候，什么事都不会发生；一旦利益出现，什么矛盾都出来了。因此，依据相关法律签订合伙协议，是合伙人团队建设与健康发展的基础和重要保障。

融资要理性

融资是创业者最关心的问题之一，许多创业者为了融资而创业，这种观念是十分危险的，如果以这种目的出发，融资成功的可能性就会非常低。

1. 创业者只有拥有足够的实力才能吸引投资者,在融资谈判中才会更有底气。因此,创业团队做好产品最重要,不要急于融资。保证产品和企业的竞争力,让资本市场看到前景,企业才能拥有较高的估值。

2. 融资要谨慎选择投资者。虽然创业需要资金,但不能谁的钱都收。融资时,创业者要看投资者的投资偏好和经验、成功案例、跟进团队素质、给出的估值。除了资金以外,创业者还要看能得到什么资源和增值服务。

3. 融资谈判与融资合同签署必须谨慎再谨慎,尤其是对赌条款、稀释与反稀释条款、风险补偿条款、清算条款、公司权力机构构成安排等条款的约定,一定要取得专业法律人士的支持。

创业团队对待融资后的股权稀释及对企业控制度的减弱要理性。实际上,创业团队只是为资本打工的打工者,没有资本的助力,单靠创业团队自己的努力,在当今市场环境下,想要迅速成为细分行业市场的龙头已经变得非常艰难。

⚠ 风险提示

有些创业团队认为反正处于创业期,签不签劳动合同看项目进展再说,结果就会涉及比如双倍工资、经济赔偿金、工伤、加班费等诸多问题,一旦发生劳动纠纷,就会影响项目的正常开展,得不偿失。因此,创业团队一开始就应该规范劳资管理,避免不必要的风险。

建设团队文化，让合伙文化扎根团队

合伙企业管理是建立在内部契约之上的特殊管理机制，企业能否健康发展与企业的文化导向息息相关。合伙企业团队文化建立在共同愿景、共同价值观的基础之上，与传统企业文化有着明显的差别。

合伙文化是在传统文化及各种意识形态的影响下，随着企业管理机制的变革，在不断实践中所形成的价值观、信念、经营理念、思维方式、道德行为准则，等等。合伙文化是合伙企业发展的向心力，如果合伙创业团队无法建立合伙文化，团队就注定无法走得更远。

合伙文化对于企业团队的意义

（1）合伙企业自诞生之日起，慢慢就会形成自己独特的合伙文化。合伙经营时间越长，合伙文化对企业管理的影响就越大。长期形成的合伙文化会让拥有不同思维方式的人，形成合伙人共有的思维方式。

（2）首席合伙人对企业的合伙文化影响最深。

（3）完善合伙制度的过程，也是合伙文化不断完善的过程，建立在合伙人的共同信念基础上的合伙制度，也是合伙文化的具体体现。

（4）合伙文化是合伙企业的管理基础，并影响着企业管理的方方面面，管理制度无法替代合伙文化的作用。不过，只靠合伙文化，没有合伙制度也是不行的，两者必须相辅相成，协调一致。

合伙创业团队文化建设重点

（1）明确团队的使命、愿景及价值观，建立尊重、自律、平等、负责、协同、合作、信任、共享、专业的团队价值理念。

（2）明确团队的战略目标，创业过程中要积极做好企业的亚文化建设。

（3）明确项目定位，不断完善基本的管理机制。

（4）引进合适的人才，用好人才，留住人才，建立完善的合伙人进入、退出机制。

（5）福利保障也是重中之重，合伙人与普通员工之间、合伙人变动等，都要制定好相应的福利保障机制。

合伙创业团队文化建设方案

（1）建设共同愿景。

合伙创业企业在创业之初，员工流动率较高、团队管理不稳定，都与缺乏团队文化价值观有关。建立共同愿景可以让员工通过自己的能力来实现自我的价值，保证长时间较大精力地投入工作，从而保证创业的成功。合伙企业要建立共同的愿景,可以从以下方面进行。

① 明确公司的发展方向与价值追求;

② 明确团队的工作纲领及基本原则;

③ 为创业项目明确工作范围与工作分工;

④ 为员工建立清晰的职业规划和制定具体的实施方案。

(2)完善合伙团队组织制度建设。

① 合伙文化建设的本质是合伙文化管理,完善合伙团队管理制度建设是保证合伙文化落地的关键,合伙管理体制建设可以从以下几个方面入手。

A. 制定行政管理制度,具体包括办公、出行、报销、拜访客户、保密内容等;

B. 制定人力资源管理制度,具体包括培训、薪酬、福利、晋升等;

C. 制定项目管理制度,具体包括项目成员行为规范、工作标准、工作分工、成员职责等。

② 分配机制的公开、公平、公正是组织得以长期稳定并保持活力的基础。合伙企业分配制度的制定主要包括以下几个方面。

A. 制定薪酬等级,设计有梯度的薪酬体系;

B. 设定合理的绩效分配,包括项目分配与年度奖励等;

C. 建立奖励机制,如项目研究、内部培训、公共贡献、研发创新等。

③ 团队亚文化建设。

合伙人团队相对独立,其亚文化也相当于一个微型的企业文化,必须"小而全",应该具备完整的文化因素,包括精神文化、制度文化等。合伙团队亚文化建设不仅要传承母文化,还要具有创新的新文化,具有实操性,能够体现团队精神与人文关怀。

拓展阅读

地产界的"黄埔军校"

1991年,冯仑等六人合伙创立了海南农业高科技投资联合开发总公司,至2003年王功权离开,"万通六兄弟"彻底散伙。冯仑在《野蛮生长》中用"梁山模式"来形容"万通六兄弟"的合伙模式,股权利润完全平分,兄弟情义凌驾于合伙关系之上。

兄弟情义终究要面对商业利益,在第一次拆伙前夕,"六兄弟"之间对企业的经营理念、决策、资源分配等方面,意见冲突不断,散伙已成必然,兄弟情义成为散伙最难跨越的一道障碍。每次开会"六兄弟"都要吵,吵到无法调和时,剩下的只有散伙。

1994年秋天,"万通六兄弟"在广西西山开会,这次会议在万通历史上被称为"分裂会议"。在这次会议上,几个人吵了不下十几次,就像走不下去的婚姻,虽有不舍,终究还是要说分手。1995年,"万通六兄弟"正式分手,按照各人原来所分管的业务散伙,5个合伙人平分了万通65%的股权。

潘石屹在十年后说:"这次裂变就像宇宙爆炸一样,越变越小,最

后终于裂成了碎片，变成了一个个独立的个体。这一个个独立体又不断裂变，裂变最后的结果就有了从万通分离出来的30多个做房地产的董事长和总经理。"也正因如此，万通被称为房地产界的"黄埔军校"。

显然，"梁山模式"的合伙"分手"是必然的，兄弟情义可以起家，但不能长远。一群武功高手可以组成一个战斗力很强的团队，但保卫一个国家，需要的是一支纪律严明、制度规范、忠诚度极高的正规军，依靠"乌合之众"是不行的。

风险提示

许多创业团队的合伙人在创业之初，都是有任职的，瞒着用人单位偷偷为自己做事。如果团队成员与用人单位签有劳动竞业限制协议，则必须解除与用人单位的竞业限制协议再创业；否则，就要承担用人单位诉讼的风险，对创业项目非常不利。

实战链接：超市合伙协议（书）范本

_____超市合伙协议书

甲方：

姓名_____，身份证号：_____

乙方：

姓名_____，身份证号：_____

丙方：

姓名_____，身份证号：_____

为保护合伙人的合法权益，经合伙人协商一致，本着公平、平等、互利的原则订立合作协议如下：

第一条　合伙宗旨

为了促进朋友之间的友谊和加强经济技术合作，充分发挥和利用个人的富余资金以及掌握的技术和市场信息，较好地进行经济合作，以达到促进友谊和提高经济效益的目的。

第二条　合伙经营项目

甲、乙、丙三方同意，以乙方的_____超市为主体，以甲方的名义，共同出资另开办一家_____超市_____分店（项目），_____总店提供营运期间的活动设计筹备、软硬件维护技术、人员管理培训和商品采购信息共享支持，并协助构建与各供货商之间的供应关系，维护合伙超市的共同利益。

项目地址：_____营业执照编号：_____

第三条　出资比例

各方出资总额为_____元，甲方目前出资额为_____，占出资总额的____%；乙方目前出资额为_____，占出资总额的____%；丙方目前出资额为_____，占出资总额的____%。

第四条　利润分配与债务承担

（一）利润分配

盈利的____%用来合伙人分红，分红按合伙人出资额占出资总额的比例来分配，盈利的____%用来支付总店的协助费用，其他的____%留作项目的扩展资金和维护项目的正常运行。

（二）债务承担

合伙债务先由合伙财产偿还，合伙财产不足清偿时，以各合伙人的出资额占出资总额的比例承担。

第五条　入伙、退伙、出资的转让

（一）入伙

1. 新合伙人入伙，必须经全体合伙人同意；

2. 承认并签署本合伙协议；

3. 除入伙协议另有约定外，入伙的新合伙人与原合伙人享有同等权利，承担同等责任；入伙的新合伙人对入伙前合伙企业的债务承担连带责任。

（二）退伙

1. 自愿退伙。合伙的经营期限内，有下列情形之一时，合伙人可以退伙：

（1）合伙协议约定的退伙事由出现；

（2）经全体合伙人同意退伙；

（3）发生非主观之合伙人难以继续参与合伙经营之事宜。

合伙协议未约定合伙企业的经营期限的，合伙人在不给合伙企业事务执行造成不利影响的情况下，可以退伙，但应当提前30日通知其他合伙人。合伙人擅自退伙给合伙造成损失的，应对损失承担全额赔偿责任，并按实际营业情况退回入伙时的出资金额。如盈利，按出资比例分配利润，并退回出资金额；如亏损，则按照出资比例计算应承担的债务，在出资金额中抵扣，将款项退回退伙一方。

2. 当然退伙。合伙人有下列情形之一的，属于当然退伙：

（1）被依法宣告为无民事行为能力人；

（2）个人丧失偿债能力；

（3）被人民法院强制执行在合伙项目中的全部财产份额。

以上情形的退伙以实际发生之日为退伙生效日。

3. 除名退伙。合伙人有下列情形之一的，经其他合伙人一致同意，可以决议将其除名：

（1）未履行出资义务；

（2）因故意或重大过失给合伙企业造成损失；

（3）执行合伙企业事务时有不正当行为；

（4）合伙协议约定的其他事由。

对合伙人的除名决议应当书面通知被除名人。被除名人自接到除名通知之日起，除名生效，被除名人退伙。除名人对除名决议有异议的，可以在接到除名通知之日起30日内，进行内部申诉，申诉不成者可即时向仲裁机构申请仲裁。

合伙人退伙后，其他合伙人与该退伙人按退伙时的合伙项目的财产状况进行结算。

4. 针对未到期自行提出退伙之行为者，依照退伙时项目之经营状况：

（1）项目若有所盈余，则由全体合伙成员联合决议，退回其前期出资部分；

（2）若项目存在经营困难（债务或者资金周转等情况），则按照退伙时项目的财产状况按合伙时出资比例进行结算。

（三）出资的转让

允许合伙人转让其在合伙中的全部或部分财产份额。转让时，合伙人有优先购买权，两个以上合伙人主张行使优先购买权的，协商确定各自的购买比例；协商不成的，按照转让时各自的出资比例行使优先购买权。如转让给合伙人以外的第三人，第三人按入伙对待，否则以退伙对待转让人。

第六条　合伙人的权利和义务

（一）合伙人的权利

1. 合伙事务的经营权、决定权和监督权,以及合伙的经营活动由合伙人共同决议,无论出资多少,所有合伙人均享有表决权;

2. 听取合伙人开展业务情况的报告,检查合伙账册及经营情况;

3. 合伙人享有合伙利益的分配权;

4. 合伙人分配合伙利益应以出资额比例或者按合同的约定进行,合伙经营积累之利润归合伙人共有(根据约定之期限定期进行项目盈利分配);

5. 合伙人有退伙的权利,依照上述内容中退伙约定办理退伙手续。

(二)合伙人的义务

1. 按照合伙协议的约定,依照共同努力经营项目之宗旨妥善经营、控制风险,保全全体合伙人之出资财产;

2. 分担合伙经营所产生的合理债务;

3. 根据出资比例,全体合伙人对经营所产生的合理债务承担偿还责任;

4. 经全体合伙人同意,聘任或指定某一合伙人负责管理财务,对整个项目的资金流动进行管理,任何活动所需要的经费都要向财务人员提出字面申请,然后由所有合伙人签字(因故不方便签字的,可以通过电话等征得合伙人同意,但事后该合伙人要补签字,下附财务管理协议)。

第七条 禁止行为

1. 未经全体合伙人同意,禁止任何合伙人私自以合伙名义进行业务活动;如其业务获得利益归合伙,造成损失则按实际损失承担全额赔偿责任;

2. 禁止合伙人参与经营与本合伙竞争的业务;

3. 合伙人不得从事损害本合伙企业利益的活动。

第八条 合伙的终止和清算

（一）合伙的终止

合伙出现下列情形解散：

1. 合伙期限届满；

2. 全体合伙人同意终止合伙关系；

3. 已不具备法定合伙人数；

4. 合伙事务完成或不能完成；

5. 被依法撤销；

6. 出现法律、行政法规规定的合伙企业解散的其他原因。

（二）合伙的清算

1. 合伙解散后应当进行清算，并通知债权人。

2. 清算人由全体合伙人担任或经全体合伙人过半数同意，自合伙企业解散后15日内指定____（合伙人）或委托第三人担任清算人。15日内未确定清算人的，合伙人或者其他利害关系人可以申请人民法院指定清算人。

3. 合伙财产在支付清算费用后，按下列顺序清偿：合伙所欠招用的职工工资和劳动保险费用，合伙所欠税款，合伙的债务，返还合伙人的出资。

4. 清偿后如有剩余，则按本协议第六条第一款的办法进行分配。

5. 清算时合伙有亏损，合伙财产不足清偿的部分，则按照出资比例计算应承担的债务，各合伙人应承担无限连带清偿责任。

第九条 违约责任

1. 合伙人未按期缴纳或未缴足出资的，应当赔偿由此给其他合伙人造成的损失；如果逾期____天仍未缴足出资，按退伙处理。

2. 合伙人未经其他合伙人一致同意而转让其财产份额的，如果其他合伙人不愿接纳受让人为新的合伙人，可按退伙处理，转让人应赔偿其他合伙人因此而造成的损失。

3. 合伙人私自以其在合伙企业中的财产份额出质的，其行为无效，或者作为退伙处理；由此给其他合伙人造成损失的，承担赔偿责任。

4. 合伙人严重违反本协议，或因重大过失，或违反《合伙企业法》而导致合伙企业解散的，应当对其他合伙人承担赔偿责任。

5. 合伙人违反协议规定，应按合伙实际损失赔偿。

第十条 其他

1. 经协商一致，合伙人可以修改本协议或对未尽事宜进行补充；补充、修改内容与本协议相冲突的，以补充、修改后的内容为准。

2. 入伙合同是本协议的组成部分。

3. 本协议一式____份，合伙人各执____份。

4. 本协议经全体合伙人签名后生效。

甲方（签名）：_____（签章）

乙方（签名）：_____（签章）

丙方（签名）：_____（签章）

签约时间：____年____月____日

签约地点：_____

第五章
利益共享,股权架构设计
决定成败

西少爷肉夹馍、罗辑思维、首席娱乐官等创业公司合伙人股权之争,为许多创业者及准创业者提了个醒,股权分配是合伙人之间最容易起争端,也最容易导致散伙的问题。可以说,创业公司初创阶段的股权架构设计决定了创业的成败。

利字头上一把刀,兄弟情义不牢靠

众多合伙企业,创业时激情满满,创业成功后兄弟反目,企业分崩离析。散伙的原因各有不同,但究其根本原因,无非一个"利"字。兄弟情义在利益面前,比想象中的要脆弱得多。

华为公司创始人任正非说过这样一句话:"我们团队战斗力高,是因为我们'分赃'分得好。"利益分配不合理,是许多合伙创业企业散伙的主要因素。因此,避免这种隐患发生的最佳办法,就是建立起清晰的股权分配机制。

预留股权

创业之初,企业将股权全部分给合伙创业团队就意味着日后没有股权可分,也就意味着将来新的合伙人无法进入团队。许多关键性人才都有创业的梦想,但是苦于没有合适的平台和机会,这类人才如果没有股权激励,是很难招募到的。那么,预留的股权在新人没有到位之前怎么处理呢？很多企业的做法是创始人做主，这种做法非常不公平，很容易引起合伙人内讧，科学的分配方法是按贡献度进行分配。

融资预留

创业项目最终要进行融资，融资后团队股权就会稀释，随着融资进程的推进，股权会进一步稀释。最终，创始人的股权能保持10%就已经不错了，以马云为例，其个人股权不到5%。

以上市为目标，在融资之前一定要做好融资预留，否则，自己辛辛苦苦创业，在融资后很可能就成了为别人做嫁衣。另外，企业估值越高，融资金额越庞大，选择投资人就要越谨慎，因为董事会弹劾创始人的事也时有发生。

股权分配

（1）考虑因素。

创业公司在分配股权时，要考虑合伙人对项目的综合贡献及价值，考虑的因素主要包括经验、领导能力、市场开拓能力、产品和技术能力、融资能力以及其他资源投入等，创始人可根据创业领域选择权重，直到得到合伙人认可为止。

（2）灵活调整。

虽然从法律上讲，出资比例决定了股权比例，但是在实际操作过程中，股权比例要取决于合伙人贡献值的大小，并定期审查调整股权比例，出资比例和股权比例的对应关系最好请专业律师来做。

（3）坦诚面对。

谈到利益时羞于开口，利益分配不均时大打出手，这是一个坏毛病。因此，在进行股权分配时，创始人就要让合伙人开口，坦诚面对，直至各方都认同为止，并且应当定期讨论股权比例问题，如有必要则可以及时调整。

（4）平分股权。

所谓平分股权，就是两位联合创始人各占一半，或者三位联合创始人各占三分之一。投资人对这种股权结构通常都心有顾虑，因此，公司初创时期，最好避免容易导致僵局出现的股权比例设置，例如50∶50、65∶35、40∶40∶20等。类似于40∶40∶20的股权比例设置，会导致两大股东都希望联合小股东控制公司决策的情形。

合伙机制的"五大险区"

1. 公司引入合伙人机制，一旦合伙关系破裂，就会导致公司分裂，甚至消亡。要避免这种情况发生，公司就必须在引入合伙人机制后，在合伙人分级体系、分红权与股权分离，以及合伙人进入与退出机制上加以设计。

2. 合伙人不只是分钱，一旦陷入合伙人拥有股权享受分红的误区，合伙人的作用就难以发挥。真正的合伙人是要责权分明，参与公司管理，共担风险，共谋发展，而不是在分红时才意识到自己合伙人的身份。

3. 合伙人机制要强调个人贡献，而不是凡事以人为本，要甄别哪些价值是由人力资本创造的，哪些价值是由行业天然属性带来的，哪些又是物质资本贡献的，从而进行差异化的机制设计。

4. 合伙人坐享其成当老板是非常危险的，这不仅违背了合伙人机制的初衷，也会给企业内部带来不公平感。

5. 将合伙人制变成捆绑人才、转嫁风险的手段，这种方式在某种程度上能起到稳定团队的作用，但有违合伙人机制的初衷，会造成团队核心成员对团队的信任危机，加速企业的灭亡。

⚠ 风险提示

创业者承担风险的能力较低，而在创业时选择有限责任公司的形式可以降低创业风险，因为公司以外的组织形式需要以个人财产对企业债务承担连带责任。

建立股权成熟制度，预防联合创始人中途退出

创业初期，由于创始团队不稳定，因此，股权分给联合创始人后，联合创始人却中途退出，并且手中还持有公司股权。出现这种局面，让留守创业的合伙人既愤愤不平，又无可奈何。

举个例子来说，你有一个很好的创业项目，找到了一个合适的联合创始人，并五五分配了股权。一段时间后，你的联合创始人不想创业了，离职去了其他公司工作。几年后，当你创业卓见成效，市值估价不菲，有企业出高价并购时，那个离职的联合创始人回来了，要求按他所持股比例获得相应的并购价。

事实上，此类的事情并不少见，因此，建立创始人股权成熟机制就非常必要了。许多创业企业并不重视创始人股权成熟机制，导致了悲剧的发生。这种创始人股权成熟机制，指的就是从离职的创始人手中收回股权的机制。

联合创始人股权回收机制

股权回收机制指的是，每个联合创始人在股权分配时会获得属于个人的全部股权，如果有联合创始人中途离开，则企业有权以极低的价格回购创始人一定比例的股权。可能有些合伙人会认为，这种股权回收机制是限制联合创始人的股权，实际上这种做法对于联合创始人是有利的。

首先，股权回收机制平衡了留守创始人与离职创始人之间的利益，避免了离职创始人带着股权离职而损害留守创始人的合理利益；其次，股权回收机制可以激励每个联合创始人为了共同的目标奋斗，提升创业成功的概率。

联合创始人股权成熟机制

联合创始人股权成熟机制分为期限模式与目标模式两种。期限模式指的是联合创始人股权按期限分批成熟，成熟期可以是4年、3年，也可以是2年。目标模式指的是联合创始人股权按阶段性目标分批成熟。

（1）期限模式。

通常，联合创始人股权成熟机制的成熟期设定为4年，第一年为创始人最短服务期，假如创始人投入全部工作在创始企业，工作满1年后，一次性成熟其股权的1/4。之后开始按月或季度分批成熟后续的股份，例如每个月成熟1/48，直至4年后全部股权成熟。

简单来说，如果联合创始人创业之初获得了公司40%的股权，工作2年后选择离开，其中20%的股权已经成熟了，那么他可以继续持有这

20%的股权,另外20%则会被公司以极低价回收。如果联合创始人工作时间不满1年,连第一批股权都没有成熟,那么,他在离开公司时,股权将全部被公司回购。

(2)目标模式。

所谓目标模式,简单说就是创始人股权以创业企业实现某些阶段性的目标为标准成熟。例如,产品研发阶段,股权成熟1/4,测试时成熟1/4,正式发布时继续成熟一部分等。产品没有研发出来之前,如果创始人离职,则他的股权都被视为没有成熟,公司可以全部回购。

目标模式,创业公司设立的目标一定要明确,否则会在这个问题上产生分歧。而且,创始人离开之前,可能会匆匆发布研发并不成熟的产品。

综合考量,创业企业可以根据自身的实际情况,设定符合自身条件的股权成熟机制。最好选择两者相结合的模式,也就是既制定股权成熟期限,又与公司发展目标和绩效考核相结合。

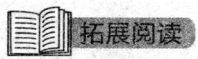

创业风险的分类

1. 按风险来源的主观性划分。创业风险按风险来源的主客观性可分为主观创业风险与客观创业风险。主观创业风险指的是创业阶段因创业者自身心理素质等主观因素导致创业失败的可能性;客观创业风险指的是创业阶段因客观因素导致创业失败的可能性,如市场变动、政策变化、资金缺乏等。

2. 按风险内容划分。创业风险按风险内容可分为技术风险、市场风险、政治风险、管理风险、生产风险及经济风险。技术风险指的是因技术因素导致创业失败的可能性;市场风险指的是因市场的不确定性导致创业失败的可能性;政治风险指的是因战争、国际关系变化或政策改变导致创业失败的可能性;管理风险指的是由于企业管理不善导致创业失败的可能性;生产风险指的是创业企业的产品或服务从小批试制到大批生产所存在的风险;经济风险指的是因宏观经济环境发生大幅度波动或调整而导致创业失败的风险。

3. 按风险对创业投资的影响程度划分。创业风险按风险对创业投资的影响程度可分为安全性风险、收益性风险和流动性风险。安全性风险指的是从创业投资的安全性角度而言,预期实际收益有损失的风险,而且投资方财产的安全也存在危险的可能;收益性风险指的是创业投资方的资本及其他财产不会蒙受损失,但实际收益有损失的风险;流动性风险指的是投资方的资本、其他财产以及收益不会蒙受损失,但资金有可能不能按期支付,造成资金运营停滞,使投资方蒙受损失的风险。

⚠ 风险提示

合伙人保守,会将一个项目的格局越做越小。虽然保守不一定是缺点,但仍然会给创业企业的发展埋下隐患。认真了解合伙人的性格优缺点,对于寻找合伙人及与合伙人怎样分工合作,都是十分必要的。

把丑话说在前头,建立合伙人股权进退出机制

合伙人是创业团队的核心,在相当长的一段时间内,合伙人将是公司价值的主要创造者。随着企业的发展,新合伙人加入与老合伙人退出是不可避免的事情。创业之初就建立一套完整的合伙人进退出机制,才能保证企业健康地成长。

关于合伙人进入机制以及融资后股权池预留,前文已经说明,这里不做赘述。但是,要重申的是,合伙人进退出机制是相辅相成的,缺一不可。创业公司在发展过程中,核心成员总会发生变动,尤其是持有公司股权的合伙人退出,容易影响公司的正常运营。下面就着重讲一下合伙人的退出机制。

合伙人退出机制的原则

(1)提前约定原则。

提前约定,即合伙人进入前,就约定好合伙人在各个阶段退出时股

权的回购形式。公司股权价值有一部分是合伙人在服务于公司期间赚取的，当合伙人退出时，所持股权应按照一定的形式回购，这对于继续在公司创业的其他合伙人更公平，也有利于公司的持续发展。

（2）溢价回购原则。

创业公司并非停滞不前，而是在不断发展的，因此，合伙人退出时，股权回购方式除了通过约定退出外，公司还可以按照当时公司的估值，对合伙人手中的股权进行适当的溢价回购。

（3）高额违约金原则。

有些合伙人因某种原因选择退伙，却不同意公司回购股权，为了防止这种情况发生，可在合伙人退出机制中，设定高额违约金条款，保证公司与其他合伙人的利益。

签订合伙人股权回购协议

合伙人退出机制无法写进公司章程，但可以另签协议，约定合伙人退出时的股权退出机制。股权退出机制类似于买断。在股权回购方面，可以全部收回股份或部分收回股权，同时要承认合伙人的历史贡献，按照一定比例溢价或折价回购股权。确定合伙人的具体退出价格时，要根据退出价格的基数、溢价或折价的倍数来定。

可以根据合伙人出资，给予一定的溢价回购，或根据合伙人持股比例及公司净资产或净利润给予一定的溢价，也可以按照最近一轮融资估值，给予一定的折扣价回购。选择哪种退出价格基数，要根据自身的商业模式来定。

例如，京东上市时，估值约300亿美金，但是公司资产负债表并不好，目前我国许多互联网企业都有类似情况。这就出现了一种矛盾：如果按照公司净利润溢价回购，合伙人为公司做出了很多贡献，退出时却净身出户；如果按照公司融资估值价格回购，公司会面临很大的资金压力。因此，创业企业一定要根据自身情况来选择一种合理的退出机制，既让退出合伙人得以分享企业成长收益，又不让公司有过大的资金压力，确保合伙人的退出不会影响公司的经营决策管理。

朋友是不是最好的合伙人

许多创业者在创业合伙人的选择方面，首先考虑的是家人和朋友。相关数据显示，选择与朋友一起创业的人数占45%。

李先生在一家公司做业务，收入不菲，但是觉得这样每天给别人打工，心里不是滋味，于是萌生了创业的想法。在一次商务宴会上，他遇到了大学同学张先生。张先生在一家科研机构工作，收入稳定，日子过得不温不火。

两个人认为应该趁现在还年轻，有机会、有能力，一起开公司创业。没想到遇上了行业内部的震荡，公司不仅没有赚到钱，反而负债累累。这时，张先生开始怀念自己在科研所稳定的工作和收入，后悔当初的创业决定，埋怨李先生拉他创业。而李先生也开始认为这个老同学不仅没帮上任何忙，还总是拖他后腿。

结果，两个人不仅没有成功合伙创业，反而连朋友都做不成了。

是不是亲密的朋友就不能成为合作伙伴呢？腾讯"五虎将"、百度"七剑客"、阿里巴巴"十八罗汉"都是由朋友成为合伙人创业成功的典范。但是，亲密的朋友不等于理想的合作伙伴，知根知底、相互信任虽然是基础，但是还要求双方在能力、性格上做到互补。因此，默契的合伙人在长期合作中都会成为知心朋友，但知心朋友并不一定能成为最好的合伙人。合伙创业，千万不能感情用事。

风险提示

创业者在选择合伙人时需要注意：有些人心理承受能力差，需要经常给予安慰，时间一长，创业者也就不愿意和他讨论有关风险和压力的事情了，合伙人的关系也就面临着破裂。对创业风险的心理承受能力不一致，也是合伙创业过程中潜藏的风险。

创始人与合伙人的股权架构设计

创业圈经常听到关于股权纠纷的各种消息,今天某某公司合伙人之间发生股权纠纷,明天某某公司因股权纠纷而分家,等等。不重视股权架构设计,是导致企业发展壮大后产生纠纷的主要原因之一。

谈到合伙人团队分配股权及架构设计,从根本上来讲,主要要在股权分配的过程中,让合伙人认为公平合理,赢得创业合伙人发自内心的认可。

股权架构设计目标

创业公司,股权架构设计是为了有利于公司发展,而不是股东利益最大化,一旦股权架构设计违背了有利于公司发展这一目标,创业就不可能成功。

(1)创始人控制权。

合伙人创业公司设计股权架构,首先要维护创始人的控制权,目的是保证公司有一个最终的决策者。

当公司壮大以后，创始人的这种控制权就会逐渐演变为公司的灵魂，保证公司在遭遇难关时，不至于分崩离析。

（2）合伙人团队凝聚力。

面对当前快速的创业节奏以及激烈的竞争，股权架构设计要保证能够凝聚合伙人团队，让团队更具竞争力。

（3）员工利益共享。

只有创始人和合伙人无法催生公司的快速发展。只有让全体员工共享创业利益，形成利益共同体，企业才能爆发出超常的战斗力。因此，股权架构设计还要保证全体员工的利益共享。

（4）投资者的进入。

当前创业，资本助力的作用越来越大，因此，股权架构设计还要考虑资本怎样进入，必须对此做出特定的设计。

（5）为上市做准备。

股权架构设计要为上市做准备，不能成为企业上市的障碍。随着我国证券法规的修改，创业企业上市的门槛变得更低；但是需要注意的是，创业企业在股权架构方面一定要保证不能违背法律，否则，将来上市将成为难题。

合伙创业企业股权架构的基本类型

根据创业企业不断摸索出的经验，创业企业股权架构主要有三种基本类型，分别是一元股权架构、二元股权架构和4×4股权架构。

（1）一元股权架构。

一元股权架构指的是股权在股权比例、表决权、分红权一体化，合伙人的权利根据股权比例区分，也是最简单的股权架构。这种股权架构需要避免公司出现僵局，如果一方股权达到三分之二，也就意味着表决权比例高达三分之二，具有充分的话语权。如果两个合伙人各占50%表决权，那就意味着任何决议均必须由双方一致同意方可有效，这种情况最糟糕。

（2）二元股权架构。

二元股权架构指的是在股权比例、表决权、分红权之间做出不等比例的设计，将合伙人权利进行分离设计。这种股权架构只有不同类别的股东才能这样设计，同类股票的权利应该是一致的。这种模式适合需要将分红权给某些合伙人，将决策权给创始人的多个联合创始人的企业。

（3）4×4股权架构。

4×4股权架构是在二元股权架构的基础上，将股东分为4种类型，即创始人、合伙人、员工、投资人。也就是说，这种股权架构，不仅要考虑创始人与合伙人部分，还要增加员工股权激励与投资人股权，属于较为高级的股权架构形式。

合伙人股权分配

股权分配涉及几个概念，即股权、期权与限制性股权。股权通常适用于创业合伙人，也就是创始人与联合创始人；期权并非股权，经历成熟期与行权后才会变成股权，期权适用于非核心团队的员工；限制性股权是指可以先发，不合适可以再收回的股权形式。依据对硅谷创业公司及中国赴美上市的互联网公司的股权架构分析，得出以下参考模型：

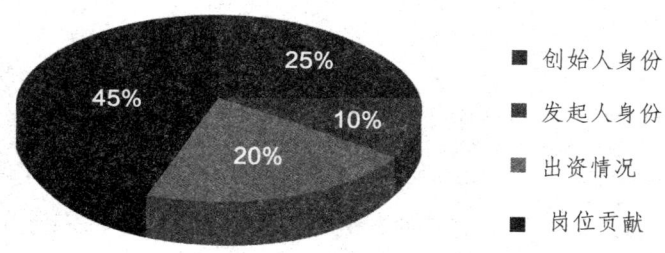

股权分配额度模型

（1）创始人身份股。

企业创始之初，必须要有一个承担责任的人，这个人就是创始人，其他合伙人也会承担责任，但是责任心显然无法与创始人相比。因此，创始人身份股应该在25%左右，3人以上团队，创始人身份股配额不应低于20%。

（2）发起人身份股。

发起人也就是联合创始人，一起选择创业的合伙人，无论职务、出资，股权配额额度都应该均分，也就是将10%均分。

（3）出资股。

出资股指的是现金出资，但不包括外部投资的出资，只针对创业发起人出资。

（4）岗位贡献股。

岗位贡献股指的是根据给公司带来的贡献，以全职为原则，按照职位与公司业务导向，确定各自的比例，建议在均分原则上调整。

总之，合伙人股权架构设计，一定要符合公司实际，为了公司发展这个目标。另外，创始人控股问题还涉及有限责任公司的股东会与董事会这两个组织机构，因此公司初始股权架构设计首先要解决的就是创始人的持股比例。当然，创始人不控股也可以掌控公司，投票权委托、一致行动人协议、有限合伙、AB股计划等都可以完成对公司的掌控，例如京东上市前，所采用的就是投票权委托，上市后采用AB股。

仓促选择合伙人后患多

马先生创业前供职于一家民营企业，职位是人力资源总监。马先生与其他人主动创业不同，他属于被动创业。

马先生供职的这家民企，年销售额近2亿元，后来老板撤资不干了，马先生与该公司的公关总监、销售总监联合组成创业团队。三个人并没有特别的理念，只是在老板撤资的情况下被迫创业。

马先生当时拿出了300万元入股，结果，企业每个月都在亏损，300万很快就亏空了。三位股东协商后，继续按股份比例投资弥补亏损。于是，马先生继续拿钱补亏，持续了将近1年，马先生在资金的压力下最终退出创业。退出时，不仅股份没有变现，前后投进去的300多万元也打了水漂。

从上面这个案例可以看出，马先生的创业合伙人团队非常不合理。志同道合、能力互补、行为风格差异这三个合伙人团队必须具备的条件，马先生的团队根本不具备，完全属于冲动型创业。三个人只是觉得放弃原有的业务有些可惜，又因为手上有资金，稀里糊涂地就创业了，其结果也就变成了稀里糊涂。

⚠ 风险提示

创业是做出来的，不是想出来的，也不是说出来的。在创业过程中，合伙人会扮演不同的角色，所付出的精力也存在差距。如果这种差距很大，就会出现付出精力多的合伙人夸大自己的贡献，付出精力少的合伙人为保护自己的地位，就会想办法证明自己的价值，刻意蔑视某些环节。当这两种情况愈演愈烈时，矛盾就会爆发。

实战链接：有限责任公司股东合伙协议（书）范本

_____有限责任公司股东合伙协议

甲方：_____

住址：_____

身份证号：_____

联系电话：_____

乙方：_____

住址：_____

身份证号：_____

联系电话：_____

本协议的条款设置建立在特定项目的基础上，仅供参考。实践中，需要根据双方实际的合作方式、项目内容、权利义务等，修改或重新拟定条款。

甲乙双方经过友好协商，达成一致意见，同意共同出资_____有限责任公司（以下简称"公司"）。现根据《中华人民共和国公司法》

（以下简称《公司法》）以及其他相关法律法规订立如下协议，以明晰双方的权利和义务。

第一章 总则

第一条 公司的基本信息：

公司名称：_____有限责任公司

公司处所：_____

公司法定代表人：_____

公司组织形式：有限责任公司

责任承担：甲、乙双方以各自认缴的出资额为限，对公司的债务承担有限责任。公司以其全部财产对公司的债务承担责任。

第二条 公司的经营宗旨与经营范围：

公司的经营宗旨：_____

公司的经营范围：_____

第二章 公司的注册资本与出资情况

第三条 公司的出资情况：

公司由甲、乙两方股东共同投资设立。

公司的总出资额为人民币_____（大写）万元整（¥_____），其中注册资本为人民币_____（大写）万元整（¥_____），出资方式有_____（货币、实物、土地使用权、工业产权等）。

第四条 甲、乙双方各自的出资额及出资方式：

甲方：出资额为人民币_____万元，以_____方式出资，占注册资本的_____%。

乙方：出资额为人民币_____万元，以_____方式出资，占注册资本的_____%。

第五条 甲乙双方应按期足额缴纳本协议第四条规定的各自所认缴的出资额。

甲方应在_____年____月____日前将其用以出资的设备转让给公司。

乙方应在_____年____月____日前将其用以出资的人民币____万元足额存入公司的现有账户。

公司的现有账户信息如下：

开户银行：_____

账号：_____

开户名：_____

任何一方不按照前款规定缴纳出资的，除应当向公司足额缴纳外，还应当向已按期足额缴纳出资的其他方承担违约责任。

第六条 公司成立后，应向已按期足额缴纳出资方签发出资证明书并加盖公司公章。

出资证明书应载明下列事项：

（一）公司名称；

（二）公司成立日期；

（三）公司注册资本；

（四）已按期足额缴纳出资方的名称、缴纳的出资额和出资日期；

（五）出资证明书的编号和核发日期。

第七条　股权转让：

甲、乙中任何一方，可向其他方转让部分或全部出资额和股权，但不得向此三方以外的任何第三人转让出资额或股权，必须取得另一方出资人书面同意（经股东会决议）。违反此规定的，转让无效。

第三章　股东的利润分配方案

第八条　甲、乙双方按实缴出资额比例分配利润。

第九条　利润分配：

公司以每一个自然年度为一个经营周期。每一个经营周期届满后，公司财务人员应在两个月内进行周期结算，结算完毕后将财务报表报公司股东会批准，根据批准的财务报表及本协议第九条之规定制定利润分配方案，经股东会同意后实行分配。

公司税后利润，在弥补公司前季度亏损，并提取法定公积金（税后利润的10%）后，方可进行股东分红。股东分红的具体制度为：

（一）分红的时间：＿＿＿＿＿＿＿＿＿＿＿＿＿。

（二）股东利润分配：每年＿＿＿月份，上年度税后利润按照股东的占股比例分配，预留＿＿＿%作为公司发展基金不予分配，并按照公司利润目标的达成状况对直接管理者实行奖励。

（三）公司的法定公积金累计达到公司注册资本50%以上，可不再提取。

第四章　公司管理及职能分工

第十条　公司不设董事会，设执行董事和监事。执行董事为公司的实际控制人及决策人，施行执行董事负责制。

第十一条　乙方为公司的执行董事，负责公司的日常运营和管理，具体职责包括：

（一）决定公司的经营方针和投资计划；

（二）根据公司运营的需要招聘员工（财务会计人员须由甲乙双方共同聘任）；

（三）审批日常事项（涉及公司发展的重大事项，甲方财务审批权限为＿＿＿元人民币以下，超过该权限数额的，须经甲乙双方共同签字认可，方可执行）；

（四）审议批准监事的报告；

（五）审议批准公司的年度财务预算方案、决算方案；

（六）审议批准公司的利润分配方案和弥补亏损方案；

（七）对公司增加或者减少注册资本做出决议；

（八）对公司日常经营需要的其他职责；

（九）对公司合并、分立、解散、清算或者变更公司形式做出决议；

（十）修改公司章程。

第十二条　股东会会议做出修改公司章程、增加或者减少注册资本的决议，以及公司合并、分立、解散或者变更公司形式的决议，必须经代表三分之二以上表决权的股东通过。

按表决权计算多数,即按照出资比例或股权比例行使表决权。

第十三条 公司股东会定期会议于每年____月召开。三分之一以上的股东提议召开临时会议的,应当召开临时会议。

第五章 重大事项的处理

第十四条 公司不设股东会,如遇以下重大事项,须经甲、乙双方达成一致决议后方可进行:

(一)拟由公司为股东、其他企业、个人提供担保的;

(二)决定公司的经营方针和投资计划;

(三)《公司法》第三十八条规定的其他事项。

第六章 协议的解除或终止

第十五条 若发生以下情形,本协议即终止:

(一)公司营业执照被依法吊销;

(二)公司被依法宣告破产;

(三)甲乙双方一致同意解除本协议。

本协议解除后:

(一)甲乙双方共同进行清算,必要时可聘请中立方参与清算;

(二)若清算后有剩余,甲乙双方须在公司清偿全部债务后,方可要求返还出资,按出资比例分配剩余财产;

(三)若清算后有亏损,各方以出资比例分担,遇有股东须对公司债务承担连带责任的,各方以出资比例偿还。

第七章 转股、退股、禁止行为的约定

第十六条 转股:

公司成立起____年内,股东不得转让股权。自第____年起,经一方股东同意,另一方股东可进行股权转让,此时未转让方对拟转让股权享有优先受让权。若一方股东将其全部股权转让予另一方,导致公司性质变更为一人有限责任公司,转让方应负责办理相应的变更登记等手续;但若因该股权转让违法,导致公司丧失法人资格,转让方应承担主要责任。若拟将股份转让予第三方,第三方的资金、管理能力等条件不得低于转让方,且应另行征得未转让方的同意。

转让方违反上述约定转让股权的,转让无效,转让方应向未转让方支付违约金____元。

第十七条 退股:

(一)一方股东须先清偿其对公司的个人债务(包括但不限于该股东向公司借款,该股东行为使公司遭受损失而须向公司赔偿等),且征得另一方股东的书面同意后,方可退股,否则退股无效,拟退股方仍应享受和承担股东的权利和义务。

(二)甲乙双方不得在公司经营不利时退股,如出现此款事宜,在其他股东无异议的情况下退出,扣除该退出股东在公司所占股份的___%后再予以结算退出。

继续经营本公司的股东必须在六个月内予以结清,负责按银行利息计算滞纳金。

(三)在公司盈利的情况下,股东有特殊原因须退出时,在其他股

东无异议的情况下，原股东优先接受退出股东的股份（须从退出之日起3个月内结清，否则按银行利息计算）。

如原股东不愿接受退出股东的股份，则退出股东须另行找人接受其股份，否则不予退出。

（四）任何时候退股均以现金结算。

（五）因一方退股导致公司性质改变，退股方应负责办理退股后的变更登记事宜。

第十八条　禁止行为：

（一）禁止任何股东私自以任何名义进行同类产品的商业活动。

（二）禁止股东私自开设和本公司同类产品的公司。

（三）如股东违反上述两条，一经发现，则按本公司直接和间接损失全额赔偿。

第八章　违约责任及争议的处理

第十九条　协议各方任意一方未按协议约定，如期足额缴纳出资时，每逾期一日，违约方应向其他方支付出资额的＿＿％作为违约金；如逾期三个月仍未缴纳的，其他方有权解除协议。

第二十条　由于一方的过错，造成本协议不能履行或者不能完全履行时，由过错方承担其行为给公司及其他合作方造成的损失。

第二十一条　本协议在履行过程中发生的争议，由各方当事人协商解决，也可由有关部门进行调解。

协商或调解不成的，可依法向＿＿＿＿＿＿＿＿＿＿＿＿＿＿＿＿

法院提起诉讼。

第九章 附则

第二十二条 本协议未尽事宜，依照相关法律法规进行，合作方也可通过签订补充协议的方式补充相应条款。

补充协议为本协议不可分割的组成部分，与本协议具有同等的法律效力。

第二十三条 本协议自协议各方签字或盖章之日起生效。

本协议一式_____份，甲方、乙方各执_____份，具有同等法律效力。

甲方：_____（签字或盖章）

_____年____月____日

乙方：_____（签字或盖章）

_____年____月____日

第六章
合伙创业疑难多,解决不好易"猝死"

创业只有两种结果:一种是成功,一种是失败。当前创业者大多喜欢寻找合伙人一起打天下,相对于成功,创业失败的概率要高很多。虽然合伙创业具有明显的优势,但在很多情况下或难以为继,或分道扬镳,或分崩离析,甚至对簿公堂。合伙创业是一把双刃剑,解决不好一些问题,就会伤到自己。

合伙创业企业，合伙人关系破裂最致命

找到志同道合的合伙人一起创业是幸运的。创业不久后，合伙人关系破裂就是不幸的了，对处于"婴儿期"的初创企业而言甚至可以是致命的，有"流产"的风险。

在合伙创业早期，创始人之间关系破裂是最大的风险，也是早期初创企业失败最常见的原因。

尤其是合伙团队中出现"一山难容二虎"的情形最为常见。这一节着重讲一下导致合伙人关系破裂的原因有哪些。

争夺企业掌控权

联合创始人争夺企业掌控权是导致合伙关系破裂最常见的原因。既然是合伙创办企业，创始人都想当公司的首席执行官，谁都不想听谁的指挥。当这种情况出现时，企业就十分危险了。

实际上，首席执行官是否具备相应的能力对公司发展非常重要，而

不是说谁出钱多谁就适合做首席执行官。

例如谷歌、苹果等国际巨头企业的首席执行官，都是由能担当此任的人来出任的。首席执行官必然要面对公众，为人们所熟知，其他创始人只是在幕后做最合适的事情。

争夺公司掌控权在我国创业企业中非常常见，无论自己是否适合，都要去争，这也是我国许多创业企业项目非常好却无法做大，甚至走向灭亡的主要原因之一。

合伙人投入不一致

联合创始人投入不相同，得到的股权是同等的，这就容易产生矛盾。例如，一方想方设法让公司发展下去，一方只是执行前者的想法。企业发展得好，通常不会出现问题；一旦公司遇到困难，双方就会产生分歧。

当然，如果一方只是出资和负责管理，对企业的打击还不是致命性的；如果不满的一方是重要的技术合伙人，一旦选择散伙，离开公司，对公司的创业项目的影响就足以致命了。

股权分配不合理

对合伙创业公司而言，股权平分并不是一种合理的方式。举个简单的例子，如果一方创始人投入的资金、时间以及对公司的贡献都比另一方创始人大很多，在公司的地位却低于另一方创始人，股权也少于另一方创始人，他就会滋生不满的情绪。如果在股权方面没有做出及时的调整，就会为合伙关系破裂埋下隐患。

经营决策的分歧

每个人的价值观都不同，不同的价值观决定了不同的决策方向，这也是合伙人之间矛盾的主要触发点。

例如，一方创始人认为解决技术问题优先，另一方创始人认为解决资金问题优先，在决策时，矛盾就产生了。

不同决策决定了企业不同的发展方向，很难用对错来下定论，但是，两位合伙人长期存在分歧，合作必然无法持续。因此，怎样平衡合伙人之间的价值观，如何站在对方的角度去思考问题，也是创业者在创业之前应该思考的重要问题。

无法沟通交流

沟通交流无法具体化，也是合伙人关系破裂最常见的原因之一。例如，有些创始人之间经常吵得很凶，但两人的合作关系却很牢固；有些创始人之间表面上一团和气，但很容易就闹翻了。

这就是沟通的问题，无论是用吵架的方式，还是用心平气和的方式，只要坦诚，做到有效沟通，就能保证合作关系的继续。

有些人不善言谈，但一旦争辩起来，就意味着压抑很久的矛盾爆发了。如果创始人之间无法做到有效沟通交流，合作关系最终走向破裂的可能性就会非常大。

 拓展阅读

选择合伙人要有标准

当前，无论是创业企业还是成熟企业，人力资源都逐步成为企业最为重要的资源。有人说，创业钱最重要，但是，人才是创业的决定性因素。比尔·盖茨谈到成功的原因时说："因为有更多的成功人士在为我工作。"创业能否成功，企业能否赚到钱，选对合伙人十分关键。对创业企业而言，选择创业合伙人有哪些标准呢？

1. 志向远大。没有危机感，取得一点小成就就容易满足的人，不适合做创业合伙人。因此，有激情、有梦想，顺境时想退路，逆境时找出路，是选择合伙人的首要条件。

2. 学习能力强。一个人的学历只代表过去，学习能力才代表未来，更多时候，学习是一种态度。创业是不断学习、不断成长的过程，因此，选择创业合伙人，还要看他的学习能力和学习态度。

3. 敢于实践。创业从某种意义上来说，就是不断试错的过程，什么都怕错，什么都不敢做，畏首畏尾的人，不适合做创业合伙人。当然，试错没有错，但一定要总结错误的原因，找到正确的路。

4. 愿意付出。创业需要付出，斤斤计较、没有奉献精神的人无法完成创业，只有那些有付出精神的人，才会全身心投入创业中，一心为企业发展着想，而不是斤斤计较蝇头小利。

 风险提示

坚持初心对创业而言至关重要,如果创业者对自己坚持的目标失去信心,不相信自己创业的想法了,就不要继续创业。因为一旦这种想法滋生,创业者将很难熬过之后的各种难关,给自己带来很大的损失。

人力价值与资本价值在利益分配上的不公平

合伙创业企业与个人创业相比,人与人之间的关系更加复杂,创始人与股东、投资人之间的关系、利益等方面,一旦处理不好,不仅会不利于激励团队为公司创造价值,还会不利于投资人的回报。

创业团队引进投资以后,就会形成创始人、合伙人、投资人三方不同立场的合作伙伴,三者之间的关系最难处理,一旦三方出现矛盾,公司就会有分裂的风险。创业团队如何处理好与投资人之间的关系,避免出现双输型股权结构,建立创业团队与投资人之间的"合力型"双赢股权结构呢?

人力价值与资本价值共存

创业团队在股权分配方面,一方面要注重投资者的金钱价值,另一方面也要注重为公司创造价值的人力资本,基于创造价值过程与价值分配结果的相对公平,在创业团队与投资人之间形成合力型股权分配机制。

在工业经济时代,企业都是资金驱动型与资源驱动型的;当今,人力资源为公司创造了主要价值。《华为基本法》第16条就提出"劳动、知识、企业家和资本创造了公司的全部价值",可见,人力资源在当今企业中的重要性。

对人和钱分别定价

传统股权分配模式是"出多少钱,占多少股",主要以股东货币出资贡献为依据,侧重考虑人力出资。在人力出资贡献在企业占比越来越重的今天,传统的股权分配模式存在着很大的不合理性与不适用性,因此导致了实践中大量股权纠纷与问题的出现。

创业团队内部的股权分配,一方面要考虑创业合伙人早期的出资贡献,另一方面还要考虑创业团队全职人力出资的持续贡献。外部财务投资人的股权分配主要以货币出资贡献为主,创业团队与外部财务投资人,在公司股权方面应按照不同定价进行分配。

奖励与约束机制

对于人力出资,既要有激励机制,也要有约束条款;既要有进入机制,也要有调整机制与退出机制。在创业团队中,人力出资占股通常分配限制性股权,也就是权利限制,主要体现为以下几点。

(1)人力出资占股与团队全职服务期限结合,分期兑现;

(2)人力出资占股与相关业绩指标挂钩;

（3）合伙人中途离职时，公司按事先约定的价格，回购其全部或部分股权；

（4）合伙人在职期间及离职后的一定期限内，不能从事与公司相竞争的业务；

（5）合伙人在职期间所创造的职务作品的权属，归属于公司；

（6）合伙人离职后，不能挖公司的墙脚。

总之，创业者与合伙人、投资人之间的关系是微妙的。通过共同利益绑在了一驾马车上，容易产生矛盾和激化矛盾的触发点，大多数都是利益分配出现了问题。因此，想要处理好三者之间的关系，形成合力，推动公司的发展，就必须在利益分配的合理性方面下功夫。

 拓展阅读

涉及公司成败的三个基本问题

1. 保证投资者的回报。保证投资者的投资回报也就是协调股东与企业的利益关系。如果企业所有权与经营权分离，股权分散，创始人就有失去企业控制权的风险，导致企业被内部管理者控制。控制了企业，内部管理者有可能做出违背股东利益的决策，这会有损企业的长期发展。因此，保证投资者的利益，必须要从制度上保证创始人对企业的控制权。

2. 企业利益集团关系协调。企业内各个利益集团的关系协调包括了对管理层与其他员工的激励，以及对高层管理者的制约。解决好这个问题，可以帮助企业处理好各集团的利益关系，同时又能避免因高管决策失误给企业造成的不利影响。

3. 制定规则与规范。合伙创业公司要规范的制度包括组织章程，管制架构，董事提名程序，独立董事制度以及审计委员会、提名委员会、薪酬委员会的议事规则，等等。

合伙创业企业可以在引进投资的过程中，由投资人牵头构建企业的法人治理结构，而这种规范的治理结构，又会帮助企业完成下轮融资，为公司上市铺平道路。

风险提示

创业成功的背后，都有许多失败的教训，第一次尝试就成功的只是一个例外，不要把创业寄希望于这个例外，一旦决定创业，就不要放弃。

一山难容二虎，无法共存的联合创始人

两个富有侵略性的创始人在一个创业团队，对创业企业而言，不仅没有好处，反而是一种灾难。俗话说"一山难容二虎"，企业的最高领导者只能有一个。如果一支部队有两个统帅，下属就将无所适从。

合伙创业，领导者还是一个好。通常，在企业中两位创始人的决策发生冲突时，董事会会选择更具侵略性的那一位。如果两位创始人都具有侵略性，则非常容易形成争权夺利的两个派别，不利于公司的发展。

世界上那些最成功的跨国企业，两位联合创始人中，都只有一位具有侵略性的领袖让世人熟知。例如，苹果公司的史蒂夫·沃兹尼亚克与史蒂夫·乔布斯，微软的保罗·艾伦与比尔·盖茨。

合伙创业公司，最终还是需要有一个人说了算。如果每次公司需要做决策时，两位联合创始人都争论不休，则势必会浪费大量的时间。而最终，出现的各种错误，都需要首席执行官来承担责任。

如果一位联合创始人在创业过程中表现得不积极，也不愿分享自

己的创业愿景，则对公司的发展将是一种灾难。遇到这种情况，尽快结束合伙关系是最佳选择。因此，为了保证联合创始人之间不发生纠纷，在创业之前就应该明确每个创始人的职责，内容包括管理架构、股权结构、IP资产所有权以及创始人的退出机制，等等。

因此，与好友一起创业，首先要签署这样一份联合创始人协议，避免最后因此发生争吵，尤其是在公司赢利之后，联合创始人之间的矛盾会进一步增大。因此，签署联合创始人协议的目的，就是要了解联合创始人共同的创业愿景，降低日后产生分歧的概率。

拓展阅读

"先君子，后小人"麻烦多

胡女士通过大学老师认识了合伙人周先生，她很信任自己的大学老师，因此也就盲目信任起周先生这个还是陌生人的合伙人。

胡女士为合伙人周先生的餐厅投资了20万元，周先生向胡女士承诺，只要餐厅赚到钱，一定按照投资比例进行分红。胡女士出于对老师的信任，又碍于面子，没有要求签订任何书面协议。

周先生很有经商天赋，餐厅的生意做得十分红火，但是到了年终，只给了胡女士3000元分红。由于当初没有签订明确的合伙协议，因此，现在胡女士既无法得到应得的分红，也无法拿回投资的资金，进退两难。

案例中的情况在合伙创业的圈子里时有发生,为了避免财产遭受损失,合伙创业一定要"先小人,后君子",签订合伙协议,将双方应尽的职责和应享的权益签订书面协议,而不能只凭信任和口头承诺。

另外,合伙创业一定要做到账目清楚、手续齐全,对于所有账目的进出情况、合作实体的经营状况以及损益情况都要定期在合伙人之间公开,合伙人的利益分配要严格按照合作协议中的规定办理。总之,简单来说就是一句话,合伙创业首先要做到"先小人,后君子",其次要做到"亲兄弟明算账"。

风险提示

创业需要花费的时间和精力可能是目前工作的两倍,甚至更多,如果你只想工作8小时,不想这样的事情发生在自己身上,你就要控制住自己创业的想法,直到你愿意承担起创业成功所必须付出的艰辛,再创业。

合伙创业陷阱多，盲目跟风风险大

当前，许多企业开始推行合伙人模式，将员工身份从雇佣与被雇佣的劳资关系转变为共同创业的合伙人关系。阿里巴巴、海尔等企业，都通过改革措施采用了合伙人的经营模式。在创业领域，优秀的合伙人团队更成为吸引投资的资本。

在商业模式转型成功者的背后，同时存在的是合伙人纷争。这些纷争不断提醒创业者，合伙人商业模式具有其独特的优势，也存在风险与陷阱，不能正视这些潜藏的风险，将"成也合伙，败也合伙"。

合伙人商业模式的本质

以阿里巴巴为例，阿里巴巴的合伙人制度，将公司的控制权在形式上归于30人左右的核心团队。通过合伙人会议，公司在一定程度上实现了集体领导，相对于将公司投票权集中在几个联合创始人手中的股权架构，对员工激励的积极意义更大。

阿里巴巴的合伙人制度，规定了退休、除名等退出机制，提高了容错率，除名制甚至对马云等永久合伙人同样适用，体现了一定的包容性。但实质上，阿里巴巴合伙人的选举，以及合伙委员会、永久合伙人的设置等方面的掌控权依然在创始合伙人手中。另外，阿里巴巴的合伙人制度与持有的股权结合并不十分紧密，有利于现有合伙人实现一部分套现。

合伙人商业模式的本质是解决业务交易关系与治理交易关系之间的关系问题，简单说就是合伙人制以治理交易关系的利益来影响和控制业务交易关系，改变员工在业务交易关系中的行为，最终解决企业的各种委托代理问题。

合伙人商业模式盛行

合伙人商业模式本质上是希望让不同生产要素的利益主体都拥有所有权。在早期工业化阶段，合伙制采取的是"共同出资、共同经营、共享利润、共担风险"的四大原则，业务交易关系与治理交易关系是一致的。

在工业化继续深化的商业时代，由于设备、厂房等固定资产的投入越来越重要，而人的因素越来越次要，能够拥有规模化的资金置办设备、厂房则成为核心竞争要素，因此，资本拥有剩余控制权和收益权的治理交易关系开始流行。

股份制的出现让公司股票可以在公开市场上交易，于是有了资本市场溢价，许多采取合伙制的企业组织开始转化成了公司制。随着技术的不断进步与交易结构的持续创新，厂房、设备等核心要素逐渐被人力资源取代，高层管理团队的智慧、风险判断、决策能力等成为决定公司成败的核心要素。

因此，合伙人商业模式就此盛行起来，它通过综合考虑多种不同生产要素，让不同生产要素的利益主体都拥有所有权。合伙创业者应认识到，合伙创业能否避开各种陷阱取得成功，最终还是要遵循商业模式的本质，而不是为了合伙而合伙。

 拓展阅读

董事会

董事会是由董事组成的对内掌管公司事务、对外代表公司的经营决策机构。公司设董事会，由股东会选举。董事会设董事长一人，副董事长一人，董事长、副董事长由董事会选举产生。董事任期三年，任期届满，可连选连任。董事在任期届满前，股东会不得无故解除其职务。

董事会对股东会负责，行使下列职权。

1. 负责召集股东会，执行股东会决议并向股东会报告工作；
2. 执行股东会决议；
3. 制订公司的生产经营计划和投资方案；
4. 制订公司的年度财务预算方案、决算方案；
5. 制订公司利润分配方案和弥补亏损方案；

6. 制订公司增加或减少注册资本以及发行公司债券方案；

7. 制订公司合并、分立、解散或者变更公司形式的方案；

8. 决定公司内部管理机构的设置；

9. 决定聘任或解聘公司经理及其报酬事项，并根据经理的提名决定聘任或者解聘公司副经理、财务负责人及其报酬事项；

10. 制定公司的基本管理制度；

11. 公司章程规定的其他职权。

合伙创业者必须清楚，股份公司成立以后，董事会就作为一个稳定的机构而产生。董事会的成员可以按章程规定随时任免，但董事会本身不能撤销，也不能停止活动。董事会是公司的最重要的决策和管理机构，公司的事务和业务均在董事会的领导下，由董事会选出的董事长、常务董事具体执行。

如何构筑决策高效、资源广泛、能力互补的董事会，规范治理结构，是合伙创业企业发展战略指导的关键命题。

风险提示

创始人做决策的能力直接决定创业能否成功，因为决策引导着公司的需要和方向，直接影响公司的营收。许多企业创业失败，就是因为领导人不做决策，或者做决策的时间过长。如果自身对做决策存在困难，就应该放弃公司运营的决策权。

实战链接：创业公司股东合伙协议（书）范本

_____公司股东合伙协议范本

甲方：_____

住址：_____

身份证号：_____

联系电话：_____

乙方：_____

住址：_____

身份证号：_____

联系电话：_____

丙方：_____

住址：_____

身份证号：_____

联系电话：_____

丁方：_____

住址：_____

身份证号：_____

联系电话：_____

根据《中华人民共和国宪法》和《中华人民共和国公司法》以及其他有关法律法规，经过甲、乙、丙、丁友好协商，根据平等互利、相互信任的原则，就共同投资成立公司事宜，订立本协议。

第一条 出资与责任

公司是依照《中华人民共和国公司法》和其他有关规定成立的有限责任公司。甲、乙、丙、丁以各自认缴的出资额为限，对公司的债权债务承担责任。各方按其出资比例分享利润，分担风险及亏损。

1. 公司注册全称为：_____

2. 公司注册资金为：_____元，（大写_____）

3. 各方的出资额和出资方式如下：

	出资金额（大写）	出资方式	支付方式
甲方出资			
乙方出资			
丙方出资			
丁方出资			

4. 公司处所：_____

5. 公司的法定代表人：_____

6. 公司的经营范围：_____

第二条　董事会

董事会是由公司股东组成的，每一位股东均代表公司形象，并有责任和义务维护公司权益。

1. 甲、乙、丙、丁四方按照本合同规定缴纳出资并签约后，即成为公司股东；

2. 除法律、法规规定的情形外，股东不得退股，但可以转让股份；

3. 董事会相关职务由董事会成员协商选举，并限定期限考核。

第三条　权利与义务

1. 甲、乙、丙、丁均为公司董事会成员，但不直接参与公司的正常经营工作。

2. 为了明确甲、乙、丙、丁四方职责并有利于公司发展，甲、乙、丙、丁四方需要合理分工。具体分工如下：

（1）董事长由_____担任，主要负责_____等一切对外行为，不直接参与公司内部管理工作；

（2）执行董事由_____担任，直接负责公司内部运营管理，传达董事会的各项决定，直属下级、公司总经理；

（3）董事会成员由_____担任；

（4）公司总经理根据公司发展需要采用外聘形式。

3. 公司支出、收入等财务状况每季由执行董事组织召开股东大会，分析近期经营状况及制定新的经营战略目标。

4. 甲、乙、丙、丁四方前期各自的市场资源、人脉关系、行业经验等均属于合作的一部分。

5. 甲、乙、丙、丁四方任何一方不得将公司的发展战略以及各项资源透漏给外界或竞争对手，否则，董事会有权罢免其职权撤回股份并向相关执法部门提起诉讼。

6. 如因经营或管理等方面甲、乙、丙、丁四方各执己见，可召开股东会议商讨，如确实无法统一决策，执行董事拥有最终决策权。

7. 如果公司运营困难或需要资金周转，甲、乙、丙、丁四方可协商再次为公司投资，可以根据投资金额的多少重新制定股份。

8. 如公司运营亏损，无力继续经营，需召开董事会，在争得董事会全体成员同意后可将公司注销或拍卖，拍卖或变卖所得资金按照甲、乙、丙、丁四方持有公司股份的比例分配。

第四条　盈余分配与债务的承担

1. 盈余分配：

除去经营成本、日常开支、工资、奖金、需缴纳的税费等的收入为净利润，即合伙创收盈余，此为合伙分配的重点，将以合伙人出资为依据，按比例分配。

2. 债务承担：

如在合伙经营过程中有债务产生，合伙债务先由合伙财产偿还，合伙财产不足清偿时，以各合伙人的出资为据，按比例承担。

第五条　入资、退资、出资的转让

1. 入资：

新合伙人入资必须经全体合伙人同意；新合伙人须承认并签署本合

伙协议；除入资协议另有约定外，入资的新合伙人与原合伙人享有同等权利，承担同等责任；入资的新合伙人对入资前合伙企业的债务承担连带责任。

2. 退资：

（1）自愿退资。在经营期限内，有下列情形之一时，合伙人可以退资：

① 合伙协议约定的退资事由出现；

② 经全体合伙人书面同意退资；

③ 发生合伙人难以继续参加合伙项目的法定事由。

合伙人擅自退资给合伙造成损失的，应当赔偿其他合伙人的全部损失。

（2）当然退资。合伙人有下列情形之一的，当然退资：

① 死亡或者被依法宣告死亡；

② 被依法宣告为无民事行为能力人；

③ 个人丧失偿债能力；

④ 被人民法院强制执行在合伙企业中的全部财产份额。

以上情形的退资以实际发生之日为退资生效日。

（3）除名退资。合伙人有下列情形之一的，经其他合伙人一致同意，可以决议将其除名：

① 未履行出资义务；

② 因故意或重大过失给合伙项目造成经济损失的；

③ 执行合伙事务时有不正当行为；

④ 合伙协议约定的其他事由。

对合伙人的除名决议应当书面通知被除名人；被除名人自接到除名通知之日起，除名生效，被除名人退资。

合伙人退资后，其他合伙人与该退资人按退资时的合伙项目的财产状况进行结算。

3. 出资的转让：

允许合伙人转让其在合伙中的全部或部分财产份额；在同等条件下，其他合伙人有优先受让权；如向合伙人以外的第三人转让，第三人应按新入资对待，否则以退资对待转让人；合伙人以外的第三人受让合伙项目的财产份额的，经修改合伙协议即成为合伙项目的合伙人。

第六条　违约责任

1. 任何一方擅自挪用公款超过五千元以上，应受与此款项双倍赔偿，情节严重者可依据相关法律向有关部门提起诉讼。

2. 任何一方隐瞒或更改公司账目中饱私囊，一经发现将处以双倍赔偿，情节严重者可依据相关法律向有关部门提起诉讼。

第七条　协议解除或变更

1. 出现以下情况本合同自动解除：

（1）协议期限已满；

（2）由于合理原因，经甲、乙、丙、丁协商将公司注销；

（3）由于国家法律或因自然灾害等不可抗力的因素。

2. 出现以下情况需签订新的协议，同时解除此协议：

（1）公司新增其他股东；

（2）股东股份变更；

（3）合作方式变更。

第八条　协议效力

本协议经双方签字后生效，部分条目在公司注册后正式生效，一式_____份，甲、乙、丙、丁各执_____份，具有同等法律效力。

甲方：_____（签字或盖章）

_____年____月____日

乙方：_____（签字或盖章）

_____年____月____日

丙方：_____（签字或盖章）

_____年____月____日

丁方：_____（签字或盖章）

_____年____月____日

第七章
求同存异，化解重重矛盾才能成功

创业之初，找到志同道合的创业合伙人是一种幸运；但创业是个长期复杂的过程，由于合伙人之间认识上的差异、信息沟通上的障碍、利益分配上的不认同，矛盾冲突在所难免。化解合伙人之间的矛盾，对创业者而言是一种考验，如果矛盾不能得到化解，对企业发展的伤害将会非常大。

决策意见不统一,该怎么办

俗话说:"道不同,不相为谋。"大到上市企业,小到初创公司,因合伙人之间决策意见不统一产生矛盾的情况很多。能够解决好这个问题,公司就能继续发展;如果解决不好,即便是上市公司,也有分裂的风险。

选择合伙创业,就必然要面对公司决策谁说了算的问题,也就是要面对合伙人之间意见不统一的问题。首先,我们来分析一下,导致合伙人之间意见相左的原因。

合伙人之间意见不统一的原因

著名的"万通六君子"散伙的主要原因,就是决策意见不统一。而且,在众多商业案例中,即便没有利益冲突,因为合伙人在决策上很难说服对方,导致矛盾爆发而"分手"的也不在少数。导致合伙人之间意见不统一的原因主要有以下两点。

（1）考虑问题片面性。

通常，合伙创业者都是在某个领域能力较强的人，而且这些人在公司运营中也各负其责，在做决策时，也都会站在自己擅长的领域的角度去看问题，考虑问题时难免会有一定的片面性。

（2）争权夺利。

通常，企业合伙人都有各自的想法，有自己的梦想，简单说就是都想当老板，都想说了算。出于此原因退出合伙团队，自己创业的合伙人比比皆是。

合伙人之间意见不统一的解决方法

合伙人之间出现意见不统一很正常，处理原则也很简单，那就是将意见统一了，问题也就解决了。

（1）选举一名具有绝对话语权的决策者。

合伙创业最忌讳的就是有多个领导，谁都想说了算，却没有最终的决策者，也就是能够最终拍板的人。为了避免这种情况的发生，创业之初，合伙人之间必须达成共识，选择一个大家都能认可、有绝对话语权的核心人物。这样，当合伙人意见出现不统一时，这个人就能做出最终决策。

（2）站在合伙人的角度思考问题。

遇到问题时，合伙人往往会从自己擅长的领域思考问题，并从这个角度做出决策。当两位合伙人擅长的领域不同时，矛盾就出现了。如果合伙人能够换位思考，站在对方的角度想一想，就会理解对方的需求，双方再进行沟通和协商,矛盾也就迎刃而解了。当然,这一点虽然简单,但真正能够做到的人并不多。

(3)从全局利益出发做决策。

当合伙人之间的意见不统一时,以企业未来的发展为终极目标来做决策最为重要。也就是,在考虑决策时,要从全局出发,顾全大局,而不是只顾及某个领域,只有这样才最符合公司未来的发展。

实际上,许多合伙创业公司都存在类似的问题,因为大多都是亲朋好友合伙,责权不清,一开始就存在隐患。因此,合伙创业公司在合伙之初,就要通过制度的形式做好未雨绸缪,一旦出现问题再解决,无论解决成功与否,对公司的发展都会产生不良影响。

大学生创业道阻且长

2015年11月27日,教育部印发了《关于做好2016届全国普通高等学校毕业生就业创业工作的通知》,大力推进了大众创业、万众创新。自2016年起,所有高校都要设置创新创业教育课程,将创新创业教育纳入必修课和选修课。

但现实情况并不乐观,2015年麦可思研究院发布的《2015年中国大学生就业报告暨2015年就业蓝皮书》显示,大学生创业比例仅为2.9%,

超过半数大学生创业者熬不到3年就被迫放弃。

缺乏资金和管理经验,对市场认知不全面,缺少核心技术,成为制约大学生创业的关键因素。大学生创业,一定要注意以下几点。

1. 大学生创业要有主线,要选择志同道合的创业伙伴,不要迷信互联网能够解决一切。

2. 一个人创业的前提是要搞清楚客户是谁,要给自己的规划做减法,知道自己不做什么比做什么更重要。

3. 大学生创业必须具备目标能力、专业能力、营销能力、转化能力、社交能力和用人能力。

风险提示

创业者必须要找到可接受的风险和不可接受的风险之间的区间,要想发现这个区间,需要运用明智的风险承担方式去冒险,这样才能获得相应的经验。

经营理念出现分歧,要怎样应对

在现实社会中,有这样一种现象:大家在一无所有时能够同甘共苦,为了共同的目标奋斗,而一旦功成名就,各种矛盾就纷至沓来。

刚开始合伙创业的时候,几个合伙人因为志同道合,对公司未来的发展都能保持相同的意见,让公司处于不断增长的状态,达到共赢的目的。

但是,随着企业不断发展壮大,合伙人之间就会产生理念上的分歧。例如,企业是稳步扩张,还是单点突破;是多元化发展,还是集中产品优势占领市场;等等。

当因理念存在差异而产生矛盾时,合伙人千万不能意气用事,只有找到正确的处理方法,才能避免断送企业的发展之路。那么,当合伙人之间的经营理念出现分歧时,应该怎样应对呢?

保持冷静，处理迅速

当因理念不同产生意见分歧时，正确的应对方法就是保持冷静，在冷静的状态下理顺双方的分歧点在哪里，寻求一个顾全大局的解决方案。

如果分歧双方出现愤怒等情绪化反应，不妨把问题先放在一边，等到大家都冷静下来再接着讨论。依成功人士处理矛盾的经验，在矛盾难以解决时，他们都会有意识地减少与有矛盾的合伙人正面接触，从而减少正面冲突。

同时，需要注意的是，出现矛盾时不要搁置起来，而要及时处理，因为矛盾只有在形成的早期才容易解决，等到矛盾激化时，再去处理就不容易了。

分析利弊，做出取舍

我国有句古话说得好，"两利相权取其重，两害相权取其轻"。合伙人理念产生分歧时，常常没有什么对错之分，双方都是为了公司能够更好地发展。因此，在处理分歧的时候，双方就要理性地思考谁的意见更符合公司的发展需求，能给公司带来更大的利益。

这一点，要依靠科学、合理的利弊分析，抛开个人的主观判断，市场调研也好，SWOT分析也好，借助这些评估系统，权衡利弊得失，得出最后的结论。

求同存异,保持原则

合伙创业开公司,想要合伙人理念始终保持统一是不现实的。这个时候,我们不妨求同存异,找到双方理念的共同点,采取避开分歧点的方法,力求在共同点上达成一致,以此来缓解矛盾冲突,让合作稳定地持续下去。

求同存异是解决合伙人之间理念分歧、不影响公司正常运营的最佳选择,总体来说就是,大事讲原则,小事讲风格,这也是合伙经营的必备法则。

选择"分手",各奔前程

当矛盾激化到无法和平解决时,选择理智散伙就成了最佳选择。尽管散伙的结局谁都不愿意看到,但勉强维持只会浪费彼此的时间和精力,不如当断则断,各奔前程。

合伙人创业的弊端

1. 思想不统一。创业过程中会遇到各种各样的问题,需要参与经营的合伙人共同协商后,拿出方案。然而,每个人各有各的想法、观点与意见,同时,合伙人在组织中的地位不同于普通员工,创始人往往不能用手中的权力来要求其他合伙人绝对服从，最终就形成了意见分歧和人际关系矛盾。

2. 合伙人缺乏责任心。合伙人认为公司、组织是大家的，所以与自己单独创业相比较，责任心会少很多，同时也会导致对其他合伙人的期望值过高。时间长了，合伙人之间就会形成抱怨和憎恨，最终很可能导致合伙人的退伙，甚至创业失败。

3. 合伙人的意志无法体现。合伙创业需要一个决策者，这就造成其他合伙人的意志无法体现。如果创始人无法用能力和智慧折服其他合伙人，就容易导致散伙。

既然合伙创业有弊端，那么应该怎样应对呢？

1. 如果创业者喜欢独自创业，不喜欢与他人合作，自身又具备基本的创业条件和风险承受能力，不建议选择合伙创业。

2. 如果创业者具备足够的智慧和领导能力，能处理好创业过程中各合伙人之间的分歧与矛盾，建议选择合伙创业。

3. 采取委托模式，即委托某一合伙人执行合伙企业事务，其他合伙人有监督、查询会计账簿、参与分红等权利，但不涉及公司、组织内部的经营与管理。

风险提示

假如你认为自己不能快速做出一个产品，能够让数以百万计的人，在一夜之间就开始使用它，然后以数百万元、数千万元的价格卖掉它，那请你不要抱着幻想去创业。

发生战略失误时,互相指责解决不了问题

企业战略是自上而下的整体性规划,也是维持公司发展的重要支柱,一旦在战略层面发生失误,后果不堪设想。但是,在合伙公司的实际运营中,发生战略失误是常有的事情,合伙人常因为战略失误产生分歧,最终分道扬镳。

企业战略失误将给公司造成严重的损失,甚至直接将公司推向灭亡。如果企业战略出现失误,及时的补救措施是挽救危局的唯一良方,合伙人之间相互指责,推卸责任,只会加速公司的灭亡。那么,应该怎么做呢?

放下指责,亡羊补牢

市场竞争环境激烈,变幻莫测,有太多的不确定因素存在,公司决策者不能保证每一次的决策都是正确的。当战略出现失误时,合伙人之间不要相互埋怨,而是要停止冲突,积极寻找补救措施,挽回经济

损失。

合伙企业出现战略失误，不能把责任完全推到决策者身上，每个合伙人都有责任，事后指责解决不了任何问题。保持理智与信任，坐到一起认真思考补救措施，再讨论如何避免发生类似的情况，才是理智的应对方法。

预防类似事情继续发生

战略失误都是由决策失误引发的连锁反应，在处理战略失误时，一定要明确决策机制，防止类似的事情再次发生。没有明确的决策机制是当前合伙创业企业所面临的关键问题。

所谓明确决策机制，就是要在公司做大事件决策时，有一套完备的决策计划，在合伙人共同商议的基础上，最后形成书面决议，防止因个人判断失误带来决策失误，进而引发后续的战略失误。

给予相应的惩罚

既然损失已经造成，就要积极面对。虽然战略失误造成的损失任何人都不想看到，但事实已经造成，如果损失严重，就要根据实际情况给予导致战略失误的合伙人相应的惩罚。一方面，可以弥补公司的损失；另一方面，让该合伙人承担应有的责任。

明确分析战略失误的原因，将责任落实到每个合伙人头上，能够有效避免此类事情再次发生，奖罚分明是合伙创业企业健康发展的必备要素。

 拓展阅读

预防合伙企业战略失误的四个准则

战略失误如何补救虽然很重要,但更重要的是要在没有发生战略失误之前,就做好预防,将风险扼杀在摇篮当中。下面就讲一下,预防合伙人战略失误的四个准则。

1. 合伙人要树立正确的指导思想,放弃不切实际的短期致富心理。
2. 建立完善的市场信息系统,让合伙企业制定的战略更切合实际。
3. 加强基础管理,营造积极的团队环境,提高战略执行能力。
4. 全面展开战略管理研究、培训和普及工作。

合伙创业,每个合伙人都要时刻绷紧避免发生战略失误这根线,对于有些创业企业而言,发生一次战略失误就可能意味着毁灭。当战略失误发生时,合伙人之间要相互沟通,尽量将损失降到最低,而不是相互指责。

风险提示

寻找蓝海是创业的良好开端,但并非所有的新创企业都能找到蓝海。更何况,蓝海也只是暂时的,所以,竞争是必然的。如何面对竞争是每个企业都要随时考虑的事,新创企业更是如此。

合伙创业，不要在创业前期就埋下矛盾隐患

没有真正创业，无法体会到创业的艰难。许多创业者经常会困惑，会迷茫，更多的是害怕，害怕哪一天公司就死掉了。现实很残酷，的确有大批的创业公司都死在了半路上，合伙人创业更是如此。

合伙人创业，几个合伙人更合适？这个问题没有固定的答案。如果合适，几个人都没问题；如果不合适，两个人都出问题。从概率上来说，合伙人越少，出问题的概率越低。

许多合伙企业都出现过这样的情况：在三个创始人的创业团队里，其中两个合伙人将第三个合伙人逼走。

因此，合伙人创业要想成功，首先要避免的就是内讧，避免自己亲手将创办的企业从内部杀死。下面，我们分析一下容易导致合伙创业出现矛盾的常见原因。

过早发放员工的期权

许多创业者为了招募创业团队,过早承诺相关期权,并在员工入职时就签下期权协议,到投资人进入后,正式做相关期权分配时,才发现给自己挖了一个大坑。

导致这种情况出现的主要原因是创始人分不清有限公司和股份公司的区别,不知道股权比例和股份的差异,到最后就会出现许多扯不清楚的分配问题,没有人愿意放弃到手的期权,矛盾也就随之出现。

迫不及待地分配股权

初创企业,由于创始人人脉较少,在这个合伙人的时代,一个人无法完成全部的事情,因此,他通过熟人介绍等方式,选择了与陌生人合伙,迫不及待地分配股权比例。结果共事后才发现,自身与这位合伙人在能力、性格、价值观等方面,有着严重的分歧。

可是,此时股权已经变更,双方的合作协议也签订了,就出现了"请神容易送神难"的局面。解决这个问题最好的办法就是先合作,再根据合作效果,待彼此都认可之后,谈具体的股权分配。

没有签订合伙协议

许多初创的创业者,谈到股权分配时,都只是口头承诺,一旦因利益分配问题出现矛盾,双方都拿不出文字证据,矛盾就会进一步激化,进入扯皮模式,这对于公司发展将十分不利。

因此，合伙人创业签订合伙协议十分必要，即便暂时没有签订合伙协议，也一定要有文字记录，否则因分配比例各执己见，就要起冲突了。

 拓展阅读

腾讯"五虎将"

马化腾在创立腾讯之初，为避免合伙人之间彼此争夺权力，就与四个合作伙伴约定，各展所长，各管一摊：马化腾是首席执行官（CEO），张志东是首席技术官（CTO），曾李青是首席运营官（COO），许晨晔是首席信息官（CIO），陈一丹是首席行政官（CAO）。

后来有人想加钱占更大的股份，马化腾却说："根据我对你能力的判断，你不适合拿更多的股份。"

在马化腾看来，未来的潜力要和应有的股份相匹配，不匹配就要出问题。如果拿大股的不干事，干事的股份又少，矛盾就会发生。当然，经过几次稀释，最后他们上市所持有的股份比例只有当初的1/3，但即便是这样，他们每个人的身家都还是达到了数十亿元人民币，是一个皆大欢喜的结局。

⚠ 风险提示

资金风险在创业初期会一直伴随在创业者的左右，是否有足够的资金维持企业的初期运转，是创业者面临的第一个重要问题。对初创企业来说，如果企业的现金流中断，则企业随时都存在倒闭的风险。

实战链接：合伙投资协议（书）范本

合伙投资协议书

第一条 共同投资人的姓名及住所

甲方：_____

身份证号：_____

住址：_____

联系电话：_____

乙方：_____

身份证号：_____

住址：_____

联系电话：_____

丙方：_____

身份证号：_____

住址：_____

联系电话：_____

甲乙丙三方共同投资人（以下简称"共同投资人"）经友好协商，根据中华人民共和国法律、法规的规定，就各方共同出资并由甲方以其名义享有_____股权，并作为发起人参与_____公司的发起设立事宜，达成如下协议。

第二条　共同投资人的投资额和投资方式

共同出资人的出资额为人民币_____元，其中：甲方出资_____元，占出资总额的____%；

乙方出资_____元，占出资总额的____%；

丙方出资_____元，占出资总额的____%。

三方一致同意用出资总额_____的股权作为出资，参与股份公司的发起设立，各共同投资人将各持有股份公司股本总额的____%。

第三条　利润分享和亏损分担

共同投资人按其出资额占出资总额的比例分享共同投资的利润，分担共同投资的亏损。

共同投资人各自以其出资额为限对共同投资承担责任，共同投资人以其出资总额为限对股份有限公司承担责任。

共同投资人的出资形成的股份及其滋生物为共同投资人的共有财产，由共同投资人按其出资比例共有。

共同投资的股份转让后，各共同投资人有权按其出资比例取得财产。

第四条 事务执行

1. 甲方、乙方、丙方作为共同投资人身份执行共同投资的日常事务,包括但不限于:

(1)在股份公司发起设立阶段,行使及履行作为股份有限公司发起人的权利和义务;

(2)在股份公司成立后,行使其作为股份公司股东的权利,履行相应义务;

(3)收集共同投资所产生的孳息,并按照本协议有关规定处置。

2. 甲乙丙三方投资人有权相互检查各自所负责日常事务的执行情况,当三方中一方或两方不再参加公司日程事务的管理时,从事公司管理的一方或两方有义务向不再参加公司管理的两方或一方报告共同投资的经营状况和财务状况。

3. 甲乙丙三方执行共同投资事务所产生的收益归共同投资人,所产生的亏损或者民事责任,由共同投资人承担。

4. 任何一方在执行事务时,如因其过失或不遵守本协议而造成共同投资人损失,应承担赔偿责任。

5. 共同投资人可以对某一方或两方执行共同投资的事务提出异议。提出异议时,应暂停该项事务的执行。如果发生争议,由共同投资人投票共同决定。

6. 共同投资的下列事务必须经共同投资人同意:

(1)转让共同投资于股份有限公司的股份;

（2）以上述股份对外出质；

（3）更换事务执行人。

第五条　投资的转让

1. 共同投资人向共同投资人以外的人转让其在共同投资中的全部或部分出资额时，须经共同投资人同意。

2. 共同投资人之间转让在共同投资中的全部或部分投资额时，应当通知其他共同出资人。

3. 共同投资人依法转让其出资额的，在同等条件下，其他共同投资人有优先受让的权利。

第六条　其他权利和义务

1. 任何一方不得私自转让或者处分共同投资的股份。

2. 共同投资人在股份有限公司成立之日起三年内，不得转让其持有的股份及出资额。

3. 股份有限公司成立后，任一共同投资人不得从共同投资中抽回出资额。

4. 股份有限公司不能成立时，对设立行为所产生的债务和费用按各共同投资人的出资比例分担。

第七条　违约责任

为保证本协议的实际履行，任何一方自愿提供其所有的财产向其他共同投资人提供担保。

任何一方承诺在其违约并造成其他共同投资人损失的情况下，以上述财产向其他共同投资人承担违约责任。

第八条 其他

1. 本协议未尽事宜由共同投资人协商一致后，另行签订补充协议。

2. 本协议经全体共同投资人签字盖章后即可生效。本协议一式_____份，共同投资人各执_____份。

甲方：_____

签约日期：_____年_____月_____日

乙方：_____

签约日期：_____年_____月_____日

丙方：_____

签约日期：_____年_____月_____日

第八章
不懂合伙注定散伙,给合伙创业者的忠告

合伙创业这条路并非一条坦途,找到优秀的合伙人并不意味着万事大吉,兄弟式合伙、仇人式散伙的创业公司比比皆是。创业任重而道远,就像马云说的那样,"什么是失败?放弃就是最大的失败。什么叫坚强?经历许多磨难、委屈、不爽,你才知道什么叫坚强"。

创业合伙人之间应该具备的基本素养

创业已经成为许多年轻人选择工作和生活的一种方式，尤其是有着人生目标和理想的青年人，毕业后选择合伙创业的人数很多。但是，许多年轻人都没有意识到，合伙创业或成为合伙人，必须具备一定的素养，否则，创业很容易遭遇滑铁卢。

合伙创业是一种人力资源的整合，如果每天都纠结谁干得多了、谁干得少了，谁出钱多了、谁又出钱少了，就没有心思去经营事业，无论如何都做不好。选择合伙人，需要彼此互相了解，志同道合才能走到一起，同时，还要具备创业所必需的基本素养。

成为合伙人应具备的基本素质

（1）心理素质。

成为合伙人的心理素质主要包括自我意识、性格、气质、情感等心理构成要素，想要成为创业者，至少要有自信，性格要坚强。

当然，没有人会尽善尽美，这时候就需要与其他合伙人互补，而这也正是合伙创业的优势所在。

（2）身体素质。

创业是一项艰苦而复杂的工作，创业之初工作繁忙，时间长、压力大。如果身体素质不好，则很难承受创业的重任，一旦身体垮了，创业也就终结了。因此，创业之前在身体素质上做好准备，也是很重要的一环。

（3）知识素质。

创业合伙人要有创造性思维，需要经常做出决策，这就要求创业合伙人必须掌握广博的知识，具有一专多能的知识结构。简单地说，创业合伙人应该具备以下几个方面的知识。

① 懂得相关法律知识及政策，能够用法律维护自己的合法权益；

② 了解科学的经营管理知识和方法，提高自身的管理水平；

③ 掌握与本行业相关的科学技术知识，依靠科技增强竞争能力；

④ 了解市场经济相关知识，如财务会计、市场营销、国际贸易、国际金融等；

⑤ 了解有关世界历史、世界地理、社会生活、文学、艺术等方面的知识。

创业合伙人之间应该具备的基本素养

（1）坦诚。

坦诚相待是合作的基础，否则即便创业项目再好，但创业合伙人彼此之间不够坦诚，也是无法创业成功的，很容易形成矛盾，导致企业从内部瓦解。

（2）忠诚。

面对商业竞争激烈的市场，创业合伙人之间需要忠诚来维持，面对诱惑能否抵挡得住，也成为创业团队能否继续走下去的关键。

（3）信任。

创业合伙人彼此之间要保持信任，创业团队就像上了战场的士兵，彼此之间是将后背托付给对方的战友。如果彼此不信任，创业这场战役未战就已经败了。

（4）互通有无。

合伙创业是人力资源的互补，所以在商业信息和资源方面要互通有无，形成优势互补，这样团队才能形成合力，成功创业；否则，合伙就没有任何意义了。

（5）包容。

每个合伙人的性格不同，行为方式也不同，彼此之间学会包容很重要，这关系到整个团队的配合与项目的正常运转。尤其是在意见不统一的时候，能否站在对方的立场上想问题，决定了一个团队能否形成战斗力。

（6）鼓励。

创业是一个过程，谁也无法预料创业能否成功，在创业过程中会遇到很多的困难和挫折，甚至失败。面对挫折与挑战，创业合伙人之间需要彼此鼓励，彼此给予对方勇气。

 **拓展阅读**

没有目标，无法远行

合伙创业，如果没有共同的目标，则注定不能并肩远行。如果在创业之初就设计好了短期干什么、中期干什么、长期干什么，合伙创业者就会永远有干不完的事，就不会闲着闹散伙。多数能够做大、做强的企业，企业的长期、中期、短期目标都很明确。

创业企业如果没有制定中长期发展目标，则应该在企业发展过程中重新修订中长期发展目标，尤其当企业财富和个人财富都积累到一定程度时，再修订中长期的发展战略，就能用新的共同目标把大家聚合起来。

企业的短期目标重在激励，长期目标重在导向。创业企业仅有中长期目标还不行，如果没有短期目标，大家就会感觉目标虚无缥缈，会迷茫、疲惫、丧失信心。制定短期目标的目的就是激励合伙人向长远目标迈进，而长期目标的实现则是由一个个短期目标的逐步实现累加的结果。

风险提示

如果你的合伙人去世了，通常情况下，他的所有权股份就会转给其配偶或子女，你将自动获得新的合伙人。如果你不希望拥有新合伙人，则可以通过买卖协议购买你的已故合伙人的份额。

意气用事是创业大忌

俗话说："冲动是魔鬼。"创业者在创业过程中需要保持理智，感情用事是大忌。三国的刘备团队，关羽败走麦城被杀，刘备一怒兴兵伐吴，结果大败而回，为蜀国的灭亡埋下了伏笔。

是人就有感情。在很多时候，人都会自然而然地因情感的砝码让公正的天平倾斜。创业需要感情投入，更需要时时刻刻保持理智。兄弟义气可以起事，但很难成事。水浒梁山团队，结合在一起也有共同的目标，但没有实现具体目标的制度，只是以兄弟义气支撑，拥有再多的人才最终也无法成事。

因此，合伙创业，兄弟义气没有错，但不能凌驾于制度之上。

合伙人不签署协议的原因

总结近十年来合伙人之间利益纠纷的案例，导致合伙人最初不签署相关协议的原因主要有以下几点。

（1）创业者在创业之初，没有企业管理方面的经验，考虑不周全；

（2）创业项目在创业之初，市场估值并不高，合伙人之间认为签不签协议都不重要；

（3）创业者之间是朋友关系，觉得谈钱伤感情，股权分配也只做一个口头约定。

合伙创业在第一天就应该明确合伙创业的诸多事宜，既要兄弟情义，也要协议制度。这样，一方面在未来吸引投资时，可以减少投资方的担心；另一方面也可以避免当企业发展起来后，因利益分配问题闹"分手"。

盲目信任将损失惨重

赵先生通过朋友小李的介绍，入股了一家装修公司，成了这家装修公司的合伙人，这家企业的法定代表人是小李的父亲。出于对小李的信任，赵先生在公司岗位人员安排上没有过多干预。

结果，公司招聘的出纳成了小李父亲的傀儡，后期甚至任由小李的父亲随意预支各种款项，导致公司的财务系统瘫痪。赵先生入股之后，第一年装修公司的业务还不错，一年下来的营业额有几百万，但年底进行财务核算时，赵先生发现公司一年下来没有正向现金流。

赵先生恼火地扔掉各种不好意思，向小李的父亲责问公司的财务问题，最后小李的父亲被迫退出公司，公司的法定代表人进行了变更，小李成为公司的第一股东。

这个案例说明，盲目信任合伙人只会遭受惨重的损失。赵先生因为不了解公司组织的各种权责权限,在入股时全凭意气用事,犯了低级失误。

对合伙创业者而言,只有兄弟情义,没有契约精神,到最后只有一种结果,那就是"能同患难,不能共享受"。真格基金创始人徐小平谈到创业时说:"不要用兄弟情义来追求共同利益,这个不长久,一定要用共同利益追求兄弟情义。不能纯粹为了理想去追求事业,但你的事业一定要有伟大的理想,只有这样,合伙人制度才能长久。"

创始人需要坚持的三件事

1. 有效地组织合伙创业者持续不断地学习新知识,尤其要紧随时代发展,学习先进的管理理念和解决问题的办法。

2. 让合伙创业者一同参与公司的深度商业活动,了解最先进的市场需求,引领大家积极参与公益活动,加强企业文化建设,提升大家的精神境界。

3. 引导合伙人走出去,开阔眼界、多长见识,避免合伙人陷入事务堆,沉浸在矛盾冲突中,困于狭小企业的小圈子。

在创业企业中,有些创业者愿意带领合伙人不断前行,创造奇迹,例如阿里巴巴创始人马云、百度创始人李彦宏、华为创始人任正非等,都是此类创业者的代表。也有的创始人并非如此,有的创始人没有雄心壮志了，有的创始人身体不行了，也有的创始人想要卖掉公司养老了，无论哪种情况，只要创始人不再愿意继续前行，大多就会分崩离析。

世界上不存在没有约束的保护，也不存在没有保护的约束。尤其是处于叛逆期的青春期企业，更是合伙人更迭的高峰期。持续完善合伙人机制，如进入机制、退出机制及日常运行机制，是企业的必修课。这些机制的持续完善，对所有合伙人既是约束，也是保护。

合伙创业，创业者不忘初心，方得始终

孙正义曾经这样评价马云："马云，你是唯一一个三年前对我说什么，现在还是对我说什么的人。"当创业取得一定成绩后，许多创业者已经忘记了自己的初心。

许多合伙创业团队因为各种问题散伙。明明企业运营状况良好，却因为合伙人关系破裂导致企业发展遭遇滑铁卢。类似问题的出现，一定伴随着合伙人之间的相互指责，而他们早已将当初创业时许下的诺言和理想抛之脑后，完全忘记了创业的初心。

有些创始人盲目追求管理扁平化，将所有问题部门化，也就是将某项业务直接丢给某个合伙人全权负责。在整体解决方案没有成型之前，创始人将问题丢给合伙人，问题根本无法解决。

只要决策权还在创始人手中，以上问题就无法解决，合伙人需要依靠创始人的战略和充分授权才能去落地各个问题。而且在具体实施的过程中，每个环节都需要整个团队的密切合作，这样才能发挥团队的最大

作用，取得项目的成功。那么，创始人怎样才能保持初心呢？

目标清晰化

（1）什么是初心？创业者最开始的"初心"其实就是一个愿望，通过创业来不断实现，例如马云创业时提出"让天下没有难做的生意"。这个愿望是在不断实践中逐渐打磨完善的，而这，也是企业发展的最终方向。

（2）愿景要明确。企业愿景不是高喊"成为最伟大的公司"这种口号，而是能够看到企业的未来景象。例如微软的愿景是"让微软的电脑出现在每一个人的桌子上"。

（3）选择正确的路径。从初心到愿景，中间存在着无数可能的路径，例如，从媒体到电商、从社交到电商等，每个细节都有无数种操作方法。创始人需要与合伙人不断沟通，不断梳理初心和愿景，最后敲定实现的路径。

细节具体化

（1）事实。创业者如果不能对自己诚实，也就无法与合伙人坦诚相见，这表明创始人有自己不想看到的东西和不切实际的幻想。创业需要的是面对事实，脚踏实地，容不得心存幻想。

（2）数据。创业者应通过数据分析问题、发现趋势。如果创始人不看数据只问结果，只问为什么没做好，创业从一开始就已经失败了。

（3）逻辑。创始人要学会用逻辑把事实与数据串联在一起，找出自己想要寻找的答案,并思考未来会遇到的问题与可能。

团队凝聚力形成必须要做的三点

1. 战略。合伙创业公司,不是自己当老板,找几个干活的人的公司。把自己当成老板,落不了地的创始人,一开始就已经失败了。创业公司的战略不仅是指产品要有产品线,战略要明晰,还包括如何把公司所有的员工凝聚在一起,大家协同作战。战略不只是宏伟目标,还应体现在实现目标的制度修订上。

2. 分工明确。合伙创业的创始人必须要明白,创业公司中创始人是100%的责任承担者,即便由某位合伙人管理,创始人也不能掩盖自己的责任。分工不是为了推卸责任,也不是为了把工作安排出去,而是为了协同作战,形成战斗力。

3. 落地执行。创始人不能把目标定得宏远而省略中间的过程,指望合伙人来完成奇迹。如果目标够得着,大家都会努力实现;如果目标太渺茫,大家就会安于现状。因此,创始人一定要辨清形势,制定合理的目标,一起参与完成细节工作。那种大手一挥你们去冲的做事风格,往往不会给员工带来信心。

 **风险提示**

无论你们现在合作得多么出色,误解、感情受到伤害和优先考虑的事情发生变化等都会破坏你们之间的关系。当发生这些情况时,求助于合伙协议中的条款能够帮助大家保持客观。

正确对待散伙,天下没有不散的宴席

寻找合伙人,与合伙人合作,与合伙人和平"分手"是创业者应该思考的重要命题。俗话说:"天下没有不散的宴席。"合伙创业就像结婚,日子过不下去了,和平离婚是最好的选择。双方把财产分配好,以后各过各的日子,也是不错的选择。

很少有创业团队敢在一开始就谈散伙这个问题,甚至避之唯恐不及。正因如此,开始不谈,最终以撕破脸皮的方式来"分手",很难善始善终,做到和平"分手"。

怎样避免"分手"

罗辑思维在新人加入后,都会告知如下几条。

(1)你不可能跟大家一直走下去,那样你的人生也没有什么意思;

(2)公司能做多久,我也不知道,所以珍惜现在的"婚姻";

(3)你不用想着为公司贡献,优秀的人才会主动自我贡献,实现自己的价值。

想要避免"分手",创业公司一开始就不能建立在控制的逻辑上,而应该建立在正确的交易模型上。合伙人退出时,一定要注意,谁走都没问题,但是千万不要让整个公司的运转停滞。

制定严谨的合伙人制度

合伙就像结婚,需要结婚证来约束。同样,在利益面前,感情与道德已经不足以约束人的行为,在这种情况下合伙创业,建立严谨的合伙人制度就显得十分重要。简单说就是,凡是有合作,就一定要先制定好散伙的规则。

实际上,合伙创业,合伙人心底最在乎的还是利益怎么分,但是人们往往习惯于先约定怎么合作,忽视怎么分、怎么散伙。其实,这是一种碍于面子的传统思维,任何时候,合伙创业怎么分要比怎么合作更重要。

虽然长久合作是每个创业者的愿望,在一起共同做事并不意味着就是好合的开始,当大家认可了散伙的规则,知道自己的付出能收获什么、损失什么时,才是好合作的开始,合伙人才会放心去做自己该做的事情。上市公司因为有着非常严谨的股东退出机制,所以在退伙时反而不会出现纠纷。

没有约定怎样散伙

如果创业团队在创业之初,没有事先约定散伙规则,则只要明白散伙的基本规则,就能够圆满解决。首先,双方必须坚持公平、透明的原则；其次，在这个基础上，双方还要心平气和地沟通，不要把对方逼入死角。

当合作无法进行下去的时候，散伙也不一定就是坏事。合作各方见解有了冲突或者起了利益争执，痛苦维持不如分开各自发展。"万通六兄弟"经历了"分手"的痛苦后各自创业，证明了散伙的结局也不坏。

虽然散伙意味着一次创业的结束，但只要把散伙规则定好，何尝不是另一次创业的开始。经过短暂的恢复期，彼此都还会有不错的发展。

总之，合伙创业，在未来不明确的时候，要往最坏处想；在未来很明确的时候，往最好处想。先制定好散伙规则，会让合伙人的内心更坦然，自然也就会促进双方的合作关系更加长久和稳定。

拓展阅读

海尔的变革

2013年，海尔提倡进行企业平台化、员工创客化、用户个性化的"三化"改革。企业平台化就是总部不再是管控机构，而是一个平台化的资源配置与专业服务组织。海尔还提出管理无边界、去中心化，后端要实现模块化、专业化，前端强调个性化、创客化。

1. 平台化企业与分布式管理。海尔企业总部向着资源运筹与人才整合的平台转型。企业不再强调集中式的中央管控，而是通过分权、授

权体系，把权力下放到最了解市场和客户的地方去。

2. 人单合一，自主经营体。以用户为中心的人单合一模式在海尔已经推行好几年了，并且在不断完善中。所谓人单合一双赢模式，就是运用会计核算体系去核算每个员工为公司所创造的价值，依据员工所创造的价值来进行企业价值的分享。这种模式使海尔内部形成了无数个小小的自主经营体，促使员工自我经营、自我驱动。

3. 员工创客化。海尔内部设立了专门的创业基金，并与专业投资公司合作，支持员工进行内部创业。员工只要有好主意、好点子，公司就可以给资金鼓励他组建队伍去创业，而且员工可持股。

4. 倒逼理论与去中心化领导。所谓倒逼，就是让消费者去成为变革的"信号弹"，让消费者倒逼员工转变观念、提升素质。而"去中心化"，就是企业不再强调"以某某某为核心"，员工只是任务的执行者，转而强调"人人都是首席执行官"，人人都能成为自主经营体，员工也可以去做首席执行官做的事情。管理者则要从发号施令者转变为资源的提供者和员工的服务者。

5. 利益共同体与超值分享。海尔提出，企业与员工是利益共同体，共创价值，共享利益。员工只要超越了应为公司创造的价值，就可以分享超值的利益。

海尔变革的意义对中国企业的影响很大。作为一家极为传统的制造业，海尔借助互联网思维，将企业向平台化转变，将组织与激励向人单合一转变，将雇佣关系向生态圈的合伙创业者转变，这一变革对于一家几万人的制造业来说无疑是巨大的，也给创业者留下了深刻的启示。

风险提示

创业团队最怕的就是心不齐，人数本来就不多，最后还让合伙人心里不舒服，这本身就有问题，因此创始人一定要保持初创公司的心态、企业文化等。

实战链接：有限合伙协议（书）范本

××有限合伙协议范本

本有限合伙协议（下称"本协议"）由以下双方于_____年___月___日在_____共同订立。

普通合伙人：_____

有限合伙人：_____

鉴于双方均有意根据《合伙企业法》、相关法律法规的规定以及本协议所约定之条款和条件，发起设立一家有限合伙企业从事投资业务，双方达成如下协议：

第一条　定义

在本协议中，除非上下文另有说明，下列词语分别具有下述列明的含义：

《合伙企业法》，指《中华人民共和国合伙企业法》，由中华人民共和国第十届全国人民代表大会常务委员会第二十三次会议于2006年8月27日修订通过，自2007年6月1日起施行。

有限合伙企业，指本协议双方根据《合伙企业法》共同设立的有限合伙企业。

合伙人，指普通合伙人和有限合伙人。

普通合伙人、执行事务合伙人，指在本协议订立时有限合伙企业唯一的普通合伙人、执行事务合伙人，即_____。

有限合伙人，指在本协议订立时有限合伙企业唯一的有限合伙人，即_____。

总认缴出资额，指全体合伙人承诺向有限合伙企业缴付的，并为普通合伙人所接受的现金总额。

认缴出资额，指某个合伙人承诺向有限合伙企业缴付的并为普通合伙人所接受的现金金额。

下文中普通合伙人和有限合伙人合称为"双方"。

第二条 有限合伙企业的设立

1. 设立依据：

双方同意根据《合伙企业法》及本协议约定的条款和条件，共同设立一家有限合伙企业。

2. 有限合伙企业名称：

有限合伙企业的名称为_____合伙企业（有限合伙），下文简称为"有限合伙企业"。

3. 主要经营场所：

有限合伙企业的主要经营场所为_____。

4. 合伙目的和经营范围：

（1）有限合伙企业全体合伙人设立有限合伙企业的目的为从事股权投资和与股权投资相关的债权投资或其他可以转换为股权的投资工具，为合伙人创造满意的投资回报。

（2）有限合伙企业的经营范围：从事对未上市企业的投资，对上市公司非公开发行股票的投资。

（3）具体经营范围以企业登记机关最终核准登记的经营范围为准。

5. 合伙人：

（1）本合伙企业合伙人共____人，其中普通合伙人____人，有限合伙人____人。

（2）有限合伙企业之普通合伙人为：

姓名：_____

住所：_____

身份证号码：_____

（3）有限合伙企业之有限合伙人为：

姓名：_____

住所：_____

身份证号码：_____

姓名：_____

住所：_____

身份证号码：_____

6. 经营期限：

有限合伙企业自营业执照签发之日起成立，经营期限为____年。

第三条 出资方式、出资额及出资期限

1. 出资方式：

所有合伙人之出资方式均为人民币现金出资，自营业执照签发日起，1个月内完成缴付。

2. 认缴出资额：

全体合伙人对有限合伙企业的总认缴出资额为人民币____万元。

其中，普通合伙人的认缴出资额为人民币____万元，占总认缴出资额的____%；有限合伙人的认缴出资额为人民币____万元，占总认缴出资额的____%。

3. 出资缴付：

普通合伙人应于有限合伙企业成立后根据情况就每笔出资签发缴付出资通知书。各合伙人应于普通合伙人签发的缴付出资通知书上载明的付款日或之前，将其出资通知书上载明的其应缴付金额支付至普通合伙人指定的账户。

第四条　合伙人

1. 有限合伙人：

（1）有限合伙人以其认缴的出资额为限，对有限合伙企业的债务承担责任。

（2）有限合伙人不执行有限合伙事务，不得对外代表有限合伙企业。任何有限合伙人均不得参与管理或控制有限合伙企业的投资业务及其他以有限合伙企业名义进行的活动、交易和业务，不得代表有限合伙企业签署文件，亦不得从事其他对有限合伙企业形成约束的行为。

（3）有限合伙人根据《合伙企业法》及本协议行使有限合伙人权利，不应被视为构成有限合伙人参与管理或控制有限合伙企业的投资业务或其他活动，从而引致有限合伙人被认定为根据法律或其他规定需要对有限合伙企业之债务承担连带责任的普通合伙人。为避免歧义，前述行使权利的行为包括：

① 参与决定普通合伙人入伙、退伙；

② 对有限合伙企业的经营管理提出建议；

③ 参与选择承办有限合伙企业审计业务的会计师事务所；

④ 获取经审计的有限合伙企业财务会计报告；

⑤ 对涉及自身利益的情况，查阅有限合伙企业财务会计账簿等财务资料；

⑥ 在有限合伙企业中的利益受到侵害时，向有责任的合伙人主张权利或者提起诉讼；

⑦ 普通合伙人怠于行使权利时，督促其行使权利，或者为了有限合伙企业的利益以自己的名义提起诉讼；

⑧ 依法为有限合伙企业提供担保。

2. 普通合伙人：

（1）普通合伙人对有限合伙企业的债务承担无限连带责任。

（2）有限合伙企业由普通合伙人执行合伙事务。

（3）身份转换：

① 经合伙人会议一致同意，有限合伙人可以转变为普通合伙人；

② 有限合伙人转变为普通合伙人的，对其作为有限合伙人期间有限合伙企业发生的债务承担无限连带责任；

③ 经合伙人会议一致同意，普通合伙人可以转变为有限合伙人；

④ 普通合伙人转变为有限合伙人的，对其作为普通合伙人期间有限

合伙企业发生的债务承担无限连带责任。

3. 有限合伙企业仅剩有限合伙人的，则有限合伙企业解散；有限合伙企业仅剩普通合伙人的，可以转为普通合伙企业。

第五条 合伙事务执行

1. 有限合伙企业之执行事务合伙人应具备如下条件：

（1）系中华人民共和国公民，有完全的民事行为能力；

（2）为有限合伙企业的普通合伙人；

（3）双方一致同意选择普通合伙人担任有限合伙企业的执行事务合伙人。

2. 执行事务合伙人的权限：

执行事务合伙人拥有《合伙企业法》及本协议所规定的对于有限合伙企业事务的独占及排他的执行合伙事务的权利，对外代表有限合伙企业。

第六条 有限合伙费用

有限合伙企业应直接承担的费用包括与有限合伙企业之设立、运营、终止、解散、清算等相关的费用，主要包括年度财务报表审计费、律师费、交易费、诉讼费和仲裁费、清算费、工商年检等其他政府收费、有限合伙企业应缴纳的税金、有限合伙企业自身的费用开支等。

第七条 合伙人会议

（1）合伙人会议为合伙人之议事程序，由普通合伙人召集并主持。合伙人会议讨论决定如下事项：

① 听取普通合伙人的年度报告；

② 变更有限合伙企业的企业名称；

③ 变更有限合伙企业的经营范围、主要经营场所的地点；

④ 修改有限合伙协议；

⑤ 有限合伙企业的解散及清算事宜；

⑥ 执行事务合伙人除名；

⑦ 普通合伙人除名；

⑧ 法律、法规及本协议规定应当由合伙人会议决定的其他事项。

对前款所列事项合伙人以书面形式一致表示同意的，可以不召开合伙人会议，直接做出决议。

（2）合伙人会议分为定期会议和临时会议。定期会议每年召开一次，普通合伙人及有限合伙人均可提议召开临时会议。

（3）召开合伙人会议，应当于会议召开五日前通知全体合伙人；合伙人可以委托代表出席。

（4）合伙人会议决议须经全体合伙人一致同意方可做出。

第八条 分配与亏损分担

1. 分配：

有限合伙企业取得的收益在扣除本协议第六条所述有限合伙企业的费用后，按照合伙人的实缴出资比例进行分配。

2. 所得税：

根据《合伙企业法》及相关税务之规定，有限合伙企业并非所得税纳税主体，由各合伙人自行按相关规定申报缴纳所得税，如法律要求有限合伙企业代扣代缴，则有限合伙企业将根据法律规定进行代扣代缴。

3. 亏损和债务承担：

（1）有限合伙企业的亏损由合伙人按照实缴出资比例共同分担；

（2）有限合伙人以其认缴的出资额为限对有限合伙企业的债务承担责任，普通合伙人对有限合伙企业的债务承担无限连带责任。

第九条 权益转让

1. 有限合伙人持有的有限合伙权益转让：

（1）有限合伙人向普通合伙人转让有限合伙权益的，普通合伙人有权自行决定是否接受该等转让；

（2）有限合伙人拟对外转让有限合伙权益的，应向普通合伙人提交书面申请，载明转让的权益份额以及拟转让价格。同等条件下，普通合伙人有优先受让权。

2. 普通合伙人持有的有限合伙权益转让：

除依照本协议之明确规定进行的转让，普通合伙人不应以其他任何方式转让其持有的有限合伙权益。如出现其被宣告破产、被吊销营业执照之特殊情况，确需转让其权益，且受让人承诺承担原普通合伙人之全部责任和义务，在经有限合伙人同意后方可转让，否则有限合伙企业进入清算程序。

3. 有限合伙权益质押：

合伙人不得将其持有的有限合伙权益进行质押。

第十条 退伙

1. 有限合伙人退伙：

（1）有限合伙人可依据本协议约定转让其持有的有限合伙权益从

而退出有限合伙,除此之外,有限合伙人不得提出退伙或提前收回实缴出资额的要求;

(2)有限合伙人发生下列情形时,属于当然退伙:

① 丧失偿债能力;

② 持有的有限合伙权益被法院强制执行;

③ 发生根据《合伙企业法》规定被视为当然退伙的其他情形。

2. 普通合伙人退伙:

(1)普通合伙人在此承诺,除非本协议另有明确约定,在有限合伙企业按照本协议约定解散或清算之前,普通合伙人始终履行本协议项下的职责;

在有限合伙企业解散或清算之前,不要求退伙,不转让其持有的有限合伙权益;其自身亦不会采取任何行动主动解散或终止。

(2)普通合伙人发生下列情形时,属于当然退伙:

① 依法被吊销营业执照、责令关闭撤销,或者被宣告破产;

② 持有的有限合伙权益被法院强制执行;

③《合伙企业法》规定的其他情形。

(3)普通合伙人依上述约定当然退伙时,除非有限合伙企业立即接纳了新的普通合伙人并任命其为有限合伙企业的执行事务合伙人,否则有限合伙企业进入清算程序。

3. 执行事务合伙人除名及更换:

(1)因执行事务合伙人故意或重大过失行为,致使有限合伙企业受到重大损害或承担有限合伙企业无力偿还或解决的重大债务、责任时，经合伙人会议决议通过，有限合伙企业可将执行事务合伙人除名。

（2）若合伙人会议在做出执行事务合伙人除名决议之时有限合伙企业未能同时就接纳新的执行事务合伙人做出决议，则有限合伙企业进入清算程序。

（3）执行事务合伙人更换应履行如下程序：

① 合伙人会议在做出执行事务合伙人除名决议的同时就接纳新的执行事务合伙人做出决议；

② 新的执行事务合伙人签署书面文件确认同意受本协议约束，并履行本协议规定的应由执行事务合伙人履行的职责和义务。

4. 自所述程序全部履行完毕之日起，执行事务合伙人退出有限合伙企业，停止执行有限合伙事务，并向合伙人会议同意接纳的新的执行事务合伙人交接有限合伙事务。

第十一条 违约责任

1. 合伙人违反本协议的，应当依法或依照本协议的约定承担相应的违约责任。

2. 由于一方违约，造成本协议不能履行或不能完全履行时，由违约方承担违约责任；如属双方违约，根据实际情况，由双方分别承担各自应负的违约责任。

第十二条 法律适用和争议解决

1. 法律适用：

本协议适用中华人民共和国法律。

2. 争议解决：

因本协议引起的及与本协议有关的一切争议，首先应由双方通过友好协商解决。如双方不能协商解决，则应提交商会仲裁院仲裁解决。仲裁裁决是终局的，对相关各方均有约束力。除非仲裁庭有裁决，仲裁费应由败诉一方负担。

第十三条　解散和清算

1. 解散：

（1）当下列任何情形之一发生时，有限合伙企业应当解散：

① 有限合伙企业经营期限届满；

② 合伙人已不具备法定人数满三十（30）日；

③ 执行事务合伙人被除名且有限合伙企业没有接纳新的执行事务合伙人；

④ 执行事务合伙人提议并经全体合伙人表决通过；

⑤ 有限合伙企业被吊销营业执照；

⑥ 出现《合伙企业法》及本协议规定的其他解散原因。

2. 清算：

（1）清算人由普通合伙人担任。

（2）在确定清算人以后，所有有限合伙企业未变现的资产由清算人负责管理。

3. 清算清偿顺序：

有限合伙企业经营期满或终止清算时，有限合伙企业财产按下列顺序进行清偿及分配：

（1）支付清算费用；

（2）支付职工工资、社会保险费用和法定补偿金；

（3）缴纳所欠税款；

（4）清偿有限合伙企业的债务；

（5）根据本协议约定的收益分配原则和程序在所有合伙人之间进行分配。

4. 有限合伙企业财产不足以清偿有限合伙企业债务的，由普通合伙人向债权人承担无限连带清偿责任。

第十四条 其他

1. 不可抗力：

（1）"不可抗力"指在本协议签署后发生的、本协议签署时不能预见的、其发生与后果无法避免或克服的、妨碍任何一方全部或部分履约的所有事件。上述事件包括地震、台风、水灾、火灾、战争、国际或国内运输中断、政府或公共机构的行为（包括重大法律变更或政策调整）、流行病、民乱、罢工，以及一般国际商业惯例认作不可抗力的其他事件。

（2）如果发生不可抗力事件，影响一方履行其在本协议项下的义务，则在不可抗力造成的延误期内中止履行，而不视为违约。

2. 标题：

本协议各部分的标题仅为索引方便而设，标题不应构成对本协议及其条款的定义、限制或扩大范围。

3. 可分割性：

如本协议的任何条款或该条款对任何人或情形适用时被认定为无

效,其余条款或该条款对其他人或情形适用时的有效性并不受影响。

4. 签署文本:

(1)本协议双方签署正本一式____份,各份具有同等法律效力;

(2)本协议自双方签署之日起生效。

各合伙人签字:_____

日期:_____

附1：《中华人民共和国合伙企业法》

（1997年2月23日第八届全国人民代表大会常务委员会第二十四次会议通过，2006年8月27日第十届全国人民代表大会常务委员会第二十三次会议修订通过）

第一章 总则

第一条 为了规范合伙企业的行为，保护合伙企业及其合伙人、债权人的合法权益，维护社会经济秩序，促进社会主义市场经济的发展，制定本法。

第二条 本法所称合伙企业，是指自然人、法人和其他组织依照本法在中国境内设立的普通合伙企业和有限合伙企业。

普通合伙企业由普通合伙人组成，合伙人对合伙企业债务承担无限连带责任。本法对普通合伙人承担责任的形式有特别规定的，从其规定。

有限合伙企业由普通合伙人和有限合伙人组成,普通合伙人对合伙企业债务承担无限连带责任,有限合伙人以其认缴的出资额为限对合伙企业债务承担责任。

第三条 国有独资公司、国有企业、上市公司以及公益性的事业单位、社会团体不得成为普通合伙人。

第四条 合伙协议依法由全体合伙人协商一致、以书面形式订立。

第五条 订立合伙协议、设立合伙企业,应当遵循自愿、平等、公平、诚实信用原则。

第六条 合伙企业的生产经营所得和其他所得,按照国家有关税收规定,由合伙人分别缴纳所得税。

第七条 合伙企业及其合伙人必须遵守法律、行政法规,遵守社会公德、商业道德,承担社会责任。

第八条 合伙企业及其合伙人的合法财产及其权益受法律保护。

第九条 申请设立合伙企业,应当向企业登记机关提交登记申请书、合伙协议书、合伙人身份证明等文件。

合伙企业的经营范围中有属于法律、行政法规规定在登记前须经批准的项目的,该项经营业务应当依法经过批准,并在登记时提交批准文件。

第十条 申请人提交的登记申请材料齐全、符合法定形式,企业登记机关能够当场登记的,应予当场登记,发给营业执照。

除前款规定情形外,企业登记机关应当自受理申请之日起二十日内,做出是否登记的决定。予以登记的,发给营业执照;不予登记的，应当给予书面答复，并说明理由。

第十一条 合伙企业的营业执照签发日期，为合伙企业成立日期。

合伙企业领取营业执照前，合伙人不得以合伙企业名义从事合伙业务。

第十二条 合伙企业设立分支机构，应当向分支机构所在地的企业登记机关申请登记，领取营业执照。

第十三条 合伙企业登记事项发生变更的，执行合伙事务的合伙人应当自做出变更决定或者发生变更事由之日起十五日内，向企业登记机关申请办理变更登记。

第二章　普通合伙企业

第一节　合伙企业设立

第十四条 设立合伙企业，应当具备下列条件：

（一）有二个以上合伙人。合伙人为自然人的，应当具有完全民事行为能力；

（二）有书面合伙协议；

（三）有合伙人认缴或者实际缴付的出资；

（四）有合伙企业的名称和生产经营场所；

（五）法律、行政法规规定的其他条件。

第十五条 合伙企业名称中应当标明"普通合伙"字样。

第十六条　合伙人可以用货币、实物、知识产权、土地使用权或者其他财产权利出资，也可以用劳务出资。

合伙人以实物、知识产权、土地使用权或者其他财产权利出资，需要评估作价的，可以由全体合伙人协商确定，也可以由全体合伙人委托法定评估机构评估。

合伙人以劳务出资的，其评估办法由全体合伙人协商确定，并在合伙协议中载明。

第十七条　合伙人应当按照合伙协议约定的出资方式、数额和缴付期限，履行出资义务。

以非货币财产出资的，依照法律、行政法规的规定，需要办理财产权转移手续的，应当依法办理。

第十八条　合伙协议应当载明下列事项：

（一）合伙企业的名称和主要经营场所的地点；

（二）合伙目的和合伙经营范围；

（三）合伙人的姓名或者名称、住所；

（四）合伙人的出资方式、数额和缴付期限；

（五）利润分配、亏损分担方式；

（六）合伙事务的执行；

（七）入伙与退伙；

（八）争议解决办法；

（九）合伙企业的解散与清算；

（十）违约责任。

第十九条 合伙协议经全体合伙人签名、盖章后生效。合伙人按照合伙协议享有权利，履行义务。

修改或者补充合伙协议，应当经全体合伙人一致同意；但是，合伙协议另有约定的除外。

合伙协议未约定或者约定不明确的事项，由合伙人协商决定；协商不成的，依照本法和其他有关法律、行政法规的规定处理。

第二节 合伙企业财产

第二十条 合伙人的出资、以合伙企业名义取得的收益和依法取得的其他财产，均为合伙企业的财产。

第二十一条 合伙人在合伙企业清算前，不得请求分割合伙企业的财产；但是，本法另有规定的除外。

合伙人在合伙企业清算前私自转移或者处分合伙企业财产的，合伙企业不得以此对抗善意第三人。

第二十二条 除合伙协议另有约定外，合伙人向合伙人以外的人转让其在合伙企业中的全部或者部分财产份额时，须经其他合伙人一致同意。

合伙人之间转让在合伙企业中的全部或者部分财产份额时，应当通知其他合伙人。

第二十三条 合伙人向合伙人以外的人转让其在合伙企业中的财产份额的，在同等条件下，其他合伙人有优先购买权；但是，合伙协议另有约定的除外。

第二十四条 合伙人以外的人依法受让合伙人在合伙企业中的财

产份额的,经修改合伙协议即成为合伙企业的合伙人,依照本法和修改后的合伙协议享有权利,履行义务。

第二十五条 合伙人以其在合伙企业中的财产份额出质的,须经其他合伙人一致同意;未经其他合伙人一致同意,其行为无效,由此给善意第三人造成损失的,由行为人依法承担赔偿责任。

第三节 合伙事务执行

第二十六条 合伙人对执行合伙事务享有同等的权利。

按照合伙协议的约定或者经全体合伙人决定,可以委托一个或者数个合伙人对外代表合伙企业,执行合伙事务。

作为合伙人的法人、其他组织执行合伙事务的,由其委派的代表执行。

第二十七条 依照本法第二十六条第二款规定委托一个或者数个合伙人执行合伙事务的,其他合伙人不再执行合伙事务。

不执行合伙事务的合伙人有权监督执行事务合伙人执行合伙事务的情况。

第二十八条 由一个或者数个合伙人执行合伙事务的,执行事务合伙人应当定期向其他合伙人报告事务执行情况以及合伙企业的经营和财务状况,其执行合伙事务所产生的收益归合伙企业,所产生的费用和亏损由合伙企业承担。

合伙人为了解合伙企业的经营状况和财务状况,有权查阅合伙企业会计账簿等财务资料。

第二十九条 合伙人分别执行合伙事务的,执行事务合伙人可以对其他合伙人执行的事务提出异议。提出异议时，应当暂停该项事务的执行。如果发生争议，依照本法第三十条规定做出决定。

受委托执行合伙事务的合伙人不按照合伙协议或者全体合伙人的决定执行事务的，其他合伙人可以决定撤销该委托。

第三十条　合伙人对合伙企业有关事项作出决议，按照合伙协议约定的表决办法办理。合伙协议未约定或者约定不明确的，实行合伙人一人一票并经全体合伙人过半数通过的表决办法。

本法对合伙企业的表决办法另有规定的，从其规定。

第三十一条　除合伙协议另有约定外，合伙企业的下列事项应当经全体合伙人一致同意：

（一）改变合伙企业的名称；

（二）改变合伙企业的经营范围、主要经营场所的地点；

（三）处分合伙企业的不动产；

（四）转让或者处分合伙企业的知识产权和其他财产权利；

（五）以合伙企业名义为他人提供担保；

（六）聘任合伙人以外的人担任合伙企业的经营管理人员。

第三十二条　合伙人不得自营或者同他人合作经营与本合伙企业相竞争的业务。

除合伙协议另有约定或者经全体合伙人一致同意外，合伙人不得同本合伙企业进行交易。

合伙人不得从事损害本合伙企业利益的活动。

第三十三条　合伙企业的利润分配、亏损分担，按照合伙协议的约定办理；合伙协议未约定或者约定不明确的，由合伙人协商决定；协商不成的，由合伙人按照实缴出资比例分配、分担；无法确定出资比例的，由合伙人平均分配、分担。

合伙协议不得约定将全部利润分配给部分合伙人或者由部分合伙人承担全部亏损。

第三十四条　合伙人按照合伙协议的约定或者经全体合伙人决定，可以增加或者减少对合伙企业的出资。

第三十五条　被聘任的合伙企业的经营管理人员应当在合伙企业授权范围内履行职务。

被聘任的合伙企业的经营管理人员，超越合伙企业授权范围履行职务，或者在履行职务过程中因故意或者重大过失给合伙企业造成损失的，依法承担赔偿责任。

第三十六条　合伙企业应当依照法律、行政法规的规定建立企业财务、会计制度。

第四节　合伙企业与第三人关系

第三十七条　合伙企业对合伙人执行合伙事务以及对外代表合伙企业权利的限制，不得对抗善意第三人。

第三十八条　合伙企业对其债务，应先以其全部财产进行清偿。

第三十九条　合伙企业不能清偿到期债务的，合伙人承担无限连带责任。

第四十条　合伙人由于承担无限连带责任，清偿数额超过本法第三十三条第一款规定的其亏损分担比例的，有权向其他合伙人追偿。

第四十一条　合伙人发生与合伙企业无关的债务，相关债权人不得以其债权抵销其对合伙企业的债务；也不得代位行使合伙人在合伙企业中的权利。

第四十二条　合伙人的自有财产不足清偿其与合伙企业无关的债务的，该合伙人可以以其从合伙企业中分取的收益用于清偿；债权人也可以依法请求人民法院强制执行该合伙人在合伙企业中的财产份额用于清偿。

人民法院强制执行合伙人的财产份额时，应当通知全体合伙人，其他合伙人有优先购买权；其他合伙人未购买，又不同意将该财产份额转让给他人的，依照本法第五十一条的规定为该合伙人办理退伙结算，或者办理削减该合伙人相应财产份额的结算。

第五节　入伙、退伙

第四十三条　新合伙人入伙，除合伙协议另有约定外，应当经全体合伙人一致同意，并依法订立书面入伙协议。

订立入伙协议时，原合伙人应当向新合伙人如实告知原合伙企业的经营状况和财务状况。

第四十四条　入伙的新合伙人与原合伙人享有同等权利，承担同等责任。入伙协议另有约定的，从其约定。

新合伙人对入伙前合伙企业的债务承担无限连带责任。

第四十五条　合伙协议约定合伙期限的，在合伙企业存续期间，有下列情形之一的，合伙人可以退伙：

（一）合伙协议约定的退伙事由出现；

（二）经全体合伙人一致同意；

（三）发生合伙人难以继续参加合伙的事由；

（四）其他合伙人严重违反合伙协议约定的义务。

第四十六条　合伙协议未约定合伙期限的，合伙人在不给合伙企业事务执行造成不利影响的情况下，可以退伙，但应当提前三十日通知其他合伙人。

第四十七条　合伙人违反本法第四十五条、第四十六条的规定退伙的，应当赔偿由此给合伙企业造成的损失。

第四十八条　合伙人有下列情形之一的，当然退伙：

（一）作为合伙人的自然人死亡或者被依法宣告死亡；

（二）个人丧失偿债能力；

（三）作为合伙人的法人或者其他组织依法被吊销营业执照、责令关闭、撤销，或者被宣告破产；

（四）法律规定或者合伙协议约定合伙人必须具有相关资格而丧失该资格；

（五）合伙人在合伙企业中的全部财产份额被人民法院强制执行。

合伙人被依法认定为无民事行为能力人或者限制民事行为能力人的，经其他合伙人一致同意，可以依法转为有限合伙人，普通合伙企业依法转为有限合伙企业。其他合伙人未能一致同意的，该无民事行为能力或者限制民事行为能力的合伙人退伙。

退伙事由实际发生之日为退伙生效日。

第四十九条　合伙人有下列情形之一的，经其他合伙人一致同意，可以决议将其除名：

（一）未履行出资义务；

（二）因故意或者重大过失给合伙企业造成损失；

（三）执行合伙事务时有不正当行为；

（四）发生合伙协议约定的事由。

对合伙人的除名决议应当书面通知被除名人。被除名人接到除名通知之日，除名生效，被除名人退伙。

被除名人对除名决议有异议的，可以自接到除名通知之日起三十日内，向人民法院起诉。

第五十条　合伙人死亡或者被依法宣告死亡的，对该合伙人在合伙企业中的财产份额享有合法继承权的继承人，按照合伙协议的约定或者经全体合伙人一致同意，从继承开始之日起，取得该合伙企业的合伙人资格。

有下列情形之一的，合伙企业应当向合伙人的继承人退还被继承合伙人的财产份额：

（一）继承人不愿意成为合伙人；

（二）法律规定或者合伙协议约定合伙人必须具有相关资格，而该继承人未取得该资格；

（三）合伙协议约定不能成为合伙人的其他情形。

合伙人的继承人为无民事行为能力人或者限制民事行为能力人的，经全体合伙人一致同意，可以依法成为有限合伙人，普通合伙企业依法转为有限合伙企业。全体合伙人未能一致同意的，合伙企业应当将被继承合伙人的财产份额退还该继承人。

第五十一条　合伙人退伙，其他合伙人应当与该退伙人按照退伙时的合伙企业财产状况进行结算，退还退伙人的财产份额。退伙人对给合伙企业造成的损失负有赔偿责任的，相应扣减其应当赔偿的数额。

退伙时有未了结的合伙企业事务的，待该事务了结后进行结算。

第五十二条　退伙人在合伙企业中财产份额的退还办法，由合伙协议约定或者由全体合伙人决定，可以退还货币，也可以退还实物。

第五十三条　退伙人对基于其退伙前的原因发生的合伙企业债务，承担无限连带责任。

第五十四条　合伙人退伙时，合伙企业财产少于合伙企业债务的，退伙人应当依照本法第三十三条第一款的规定分担亏损。

第六节　特殊的普通合伙企业

第五十五条　以专业知识和专门技能为客户提供有偿服务的专业服务机构，可以设立为特殊的普通合伙企业。

特殊的普通合伙企业是指合伙人依照本法第五十七条的规定承担责任的普通合伙企业。

特殊的普通合伙企业适用本节规定；本节未作规定的，适用本章第一节至第五节的规定。

第五十六条　特殊的普通合伙企业名称中应当标明"特殊普通合伙"字样。

第五十七条　一个合伙人或者数个合伙人在执业活动中因故意或者重大过失造成合伙企业债务的，应当承担无限责任或者无限连带责任，其他合伙人以其在合伙企业中的财产份额为限承担责任。

合伙人在执业活动中非因故意或者重大过失造成的合伙企业债务以及合伙企业的其他债务，由全体合伙人承担无限连带责任。

第五十八条　合伙人执业活动中因故意或者重大过失造成的合伙企业债务，以合伙企业财产对外承担责任后，该合伙人应当按照合伙协议的约定对给合伙企业造成的损失承担赔偿责任。

第五十九条　特殊的普通合伙企业应当建立执业风险基金、办理职业保险。

执业风险基金用于偿付合伙人执业活动造成的债务。执业风险基金应当单独立户管理。具体管理办法由国务院规定。

第三章　有限合伙企业

第六十条　有限合伙企业及其合伙人适用本章规定；本章未作规定的，适用本法第二章第一节至第五节关于普通合伙企业及其合伙人的规定。

第六十一条　有限合伙企业由二个以上五十个以下合伙人设立；但是，法律另有规定的除外。

有限合伙企业至少应当有一个普通合伙人。

第六十二条　有限合伙企业名称中应当标明"有限合伙"字样。

第六十三条　合伙协议除符合本法第十八条的规定外，还应当载明下列事项：

（一）普通合伙人和有限合伙人的姓名或者名称、住所；

（二）执行事务合伙人应具备的条件和选择程序；

（三）执行事务合伙人权限与违约处理办法；

（四）执行事务合伙人的除名条件和更换程序；

（五）有限合伙人入伙、退伙的条件、程序以及相关责任；

（六）有限合伙人和普通合伙人相互转变程序。

第六十四条　有限合伙人可以用货币、实物、知识产权、土地使用权或者其他财产权利作价出资。

有限合伙人不得以劳务出资。

第六十五条　有限合伙人应当按照合伙协议的约定按期足额缴纳出资；未按期足额缴纳的，应当承担补缴义务，并对其他合伙人承担违约责任。

第六十六条　有限合伙企业登记事项中应当载明有限合伙人的姓名或者名称及认缴的出资数额。

第六十七条　有限合伙企业由普通合伙人执行合伙事务。执行事务合伙人可以要求在合伙协议中确定执行事务的报酬及报酬提取方式。

第六十八条　有限合伙人不执行合伙事务，不得对外代表有限合伙企业。

有限合伙人的下列行为，不视为执行合伙事务：

（一）参与决定普通合伙人入伙、退伙；

（二）对企业的经营管理提出建议；

（三）参与选择承办有限合伙企业审计业务的会计师事务所；

（四）获取经审计的有限合伙企业财务会计报告；

（五）对涉及自身利益的情况，查阅有限合伙企业财务会计账簿等财务资料；

（六）在有限合伙企业中的利益受到侵害时，向有责任的合伙人主张权利或者提起诉讼；

（七）执行事务合伙人怠于行使权利时，督促其行使权利或者为了本企业的利益以自己的名义提起诉讼；

（八）依法为本企业提供担保。

第六十九条　有限合伙企业不得将全部利润分配给部分合伙人；但是，合伙协议另有约定的除外。

第七十条　有限合伙人可以同本有限合伙企业进行交易；但是，合伙协议另有约定的除外。

第七十一条　有限合伙人可以自营或者同他人合作经营与本有限合伙企业相竞争的业务；但是，合伙协议另有约定的除外。

第七十二条　有限合伙人可以将其在有限合伙企业中的财产份额出质；但是，合伙协议另有约定的除外。

第七十三条　有限合伙人可以按照合伙协议的约定向合伙人以外的人转让其在有限合伙企业中的财产份额，但应当提前三十日通知其他合伙人。

第七十四条　有限合伙人的自有财产不足清偿其与合伙企业无关的债务的，该合伙人可以以其从有限合伙企业中分取的收益用于清偿；债权人也可以依法请求人民法院强制执行该合伙人在有限合伙企业中的财产份额用于清偿。

人民法院强制执行有限合伙人的财产份额时，应当通知全体合伙人。在同等条件下，其他合伙人有优先购买权。

第七十五条　有限合伙企业仅剩有限合伙人的，应当解散；有限合伙企业仅剩普通合伙人的，转为普通合伙企业。

第七十六条　第三人有理由相信有限合伙人为普通合伙人并与其交易的，该有限合伙人对该笔交易承担与普通合伙人同样的责任。

有限合伙人未经授权以有限合伙企业名义与他人进行交易，给有限合伙企业或者其他合伙人造成损失的，该有限合伙人应当承担赔偿责任。

第七十七条　新入伙的有限合伙人对入伙前有限合伙企业的债务，以其认缴的出资额为限承担责任。

第七十八条　有限合伙人有本法第四十八条第一款第一项、第三项至第五项所列情形之一的，当然退伙。

第七十九条　作为有限合伙人的自然人在有限合伙企业存续期间丧失民事行为能力的，其他合伙人不得因此要求其退伙。

第八十条　作为有限合伙人的自然人死亡、被依法宣告死亡或者作为有限合伙人的法人及其他组织终止时，其继承人或者权利承受人可以依法取得该有限合伙人在有限合伙企业中的资格。

第八十一条　有限合伙人退伙后，对基于其退伙前的原因发生的有限合伙企业债务，以其退伙时从有限合伙企业中取回的财产承担责任。

第八十二条 除合伙协议另有约定外，普通合伙人转变为有限合伙人，或者有限合伙人转变为普通合伙人，应当经全体合伙人一致同意。

第八十三条 有限合伙人转变为普通合伙人的，对其作为有限合伙人期间有限合伙企业发生的债务承担无限连带责任。

第八十四条 普通合伙人转变为有限合伙人的，对其作为普通合伙人期间合伙企业发生的债务承担无限连带责任。

第四章 合伙企业解散、清算

第八十五条 合伙企业有下列情形之一的，应当解散：

（一）合伙期限届满，合伙人决定不再经营；

（二）合伙协议约定的解散事由出现；

（三）全体合伙人决定解散；

（四）合伙人已不具备法定人数满三十天；

（五）合伙协议约定的合伙目的已经实现或者无法实现；

（六）依法被吊销营业执照、责令关闭或者被撤销；

（七）法律、行政法规规定的其他原因。

第八十六条 合伙企业解散，应当由清算人进行清算。

清算人由全体合伙人担任；经全体合伙人过半数同意，可以自合伙企业解散事由出现后十五日内指定一个或者数个合伙人，或者委托第三人,担任清算人。

自合伙企业解散事由出现之日起十五日内未确定清算人的,合伙人或者其他利害关系人可以申请人民法院指定清算人。

第八十七条 清算人在清算期间执行下列事务:

(一)清理合伙企业财产,分别编制资产负债表和财产清单;

(二)处理与清算有关的合伙企业未了结事务;

(三)清缴所欠税款;

(四)清理债权、债务;

(五)处理合伙企业清偿债务后的剩余财产;

(六)代表合伙企业参加诉讼或者仲裁活动。

第八十八条 清算人自被确定之日起十日内将合伙企业解散事项通知债权人,并于六十日内在报纸上公告。债权人应当自接到通知书之日起三十日内,未接到通知书的自公告之日起四十五日内,向清算人申报债权。

债权人申报债权,应当说明债权的有关事项,并提供证明材料。清算人应当对债权进行登记。

清算期间,合伙企业存续,但不得开展与清算无关的经营活动。

第八十九条 合伙企业财产在支付清算费用和职工工资、社会保险费用、法定补偿金以及缴纳所欠税款、清偿债务后的剩余财产,依照本法第三十三条第一款的规定进行分配。

第九十条 清算结束,清算人应当编制清算报告,经全体合伙人签名、盖章后,在十五日内向企业登记机关报送清算报告,申请办理合伙企业注销登记。

第九十一条 合伙企业注销后，原普通合伙人对合伙企业存续期间的债务仍应承担无限连带责任。

第九十二条 合伙企业不能清偿到期债务的，债权人可以依法向人民法院提出破产清算申请，也可以要求普通合伙人清偿。

合伙企业依法被宣告破产的，普通合伙人对合伙企业债务仍应承担无限连带责任。

第五章 法律责任

第九十三条 违反本法规定，提交虚假文件或者采取其他欺骗手段，取得合伙企业登记的，由企业登记机关责令改正，处以五千元以上五万元以下的罚款；情节严重的，撤销企业登记，并处以五万元以上二十万元以下的罚款。

第九十四条 违反本法规定，合伙企业未在其名称中标明"普通合伙""特殊普通合伙"或者"有限合伙"字样的，由企业登记机关责令限期改正，处以二千元以上一万元以下的罚款。

第九十五条 违反本法规定，未领取营业执照，而以合伙企业或者合伙企业分支机构名义从事合伙业务的，由企业登记机关责令停止，处以五千元以上五万元以下的罚款。

合伙企业登记事项发生变更时，未依照本法规定办理变更登记的，由企业登记机关责令限期登记；逾期不登记的，处以二千元以上二万元以下的罚款。

合伙企业登记事项发生变更，执行合伙事务的合伙人未按期申请办理变更登记的，应当赔偿由此给合伙企业、其他合伙人或者善意第三人造成的损失。

第九十六条 合伙人执行合伙事务，或者合伙企业从业人员利用职务上的便利，将应当归合伙企业的利益据为己有的，或者采取其他手段侵占合伙企业财产的，应当将该利益和财产退还合伙企业；给合伙企业或者其他合伙人造成损失的，依法承担赔偿责任。

第九十七条 合伙人对本法规定或者合伙协议约定必须经全体合伙人一致同意始得执行的事务擅自处理，给合伙企业或者其他合伙人造成损失的，依法承担赔偿责任。

第九十八条 不具有事务执行权的合伙人擅自执行合伙事务，给合伙企业或者其他合伙人造成损失的，依法承担赔偿责任。

第九十九条 合伙人违反本法规定或者合伙协议的约定，从事与本合伙企业相竞争的业务或者与本合伙企业进行交易的，该收益归合伙企业所有；给合伙企业或者其他合伙人造成损失的，依法承担赔偿责任。

第一百条 清算人未依照本法规定向企业登记机关报送清算报告，或者报送清算报告隐瞒重要事实，或者有重大遗漏的，由企业登记机关责令改正。由此产生的费用和损失，由清算人承担和赔偿。

第一百零一条 清算人执行清算事务，牟取非法收入或者侵占合伙企业财产的，应当将该收入和侵占的财产退还合伙企业；给合伙企业或者其他合伙人造成损失的,依法承担赔偿责任。

第一百零二条　清算人违反本法规定,隐匿、转移合伙企业财产,对资产负债表或者财产清单作虚假记载,或者在未清偿债务前分配财产,损害债权人利益的,依法承担赔偿责任。

第一百零三条　合伙人违反合伙协议的,应当依法承担违约责任。

合伙人履行合伙协议发生争议的,合伙人可以通过协商或者调解解决。不愿通过协商、调解解决或者协商、调解不成的,可以按照合伙协议约定的仲裁条款或者事后达成的书面仲裁协议,向仲裁机构申请仲裁。合伙协议中未订立仲裁条款,事后又没有达成书面仲裁协议的,可以向人民法院起诉。

第一百零四条　有关行政管理机关的工作人员违反本法规定,滥用职权、徇私舞弊、收受贿赂、侵害合伙企业合法权益的,依法给予行政处分。

第一百零五条　违反本法规定,构成犯罪的,依法追究刑事责任。

第一百零六条　违反本法规定,应当承担民事赔偿责任和缴纳罚款、罚金,其财产不足以同时支付的,先承担民事赔偿责任。

第六章　附则

第一百零七条　非企业专业服务机构依据有关法律采取合伙制的,其合伙人承担责任的形式可以适用本法关于特殊的普通合伙企业合伙人承担责任的规定。

第一百零八条　外国企业或者个人在中国境内设立合伙企业的管理办法由国务院规定。

第一百零九条　本法自2007年6月1日起施行。

附2：《中华人民共和国合伙企业登记管理办法》（2014年修订）

（1997年11月19日中华人民共和国国务院令第236号发布，根据2007年5月9日《国务院关于修改〈中华人民共和国合伙企业登记管理办法〉的决定》第一次修订，根据2014年2月19日《国务院关于废止和修改部分行政法规的决定》第二次修订）

第一章 总则

第一条 为了确认合伙企业的经营资格，规范合伙企业登记行为，依据《中华人民共和国合伙企业法》（以下简称合伙企业法），制定本办法。

第二条 合伙企业的设立、变更、注销，应当依照合伙企业法和本办法的规定办理企业登记。

申请办理合伙企业登记,申请人应当对申请材料的真实性负责。

第三条 合伙企业经依法登记,领取合伙企业营业执照后,方可从事经营活动。

第四条 工商行政管理部门是合伙企业登记机关(以下简称企业登记机关)。

国务院工商行政管理部门负责全国的合伙企业登记管理工作。

市、县工商行政管理部门负责本辖区内的合伙企业登记。

国务院工商行政管理部门对特殊的普通合伙企业和有限合伙企业的登记管辖可以做出特别规定。

法律、行政法规对合伙企业登记管辖另有规定的,从其规定。

第二章 设立登记

第五条 设立合伙企业,应当具备合伙企业法规定的条件。

第六条 合伙企业的登记事项应当包括:

(一)名称;

(二)主要经营场所;

(三)执行事务合伙人;

(四)经营范围;

(五)合伙企业类型;

(六)合伙人姓名或者名称及住所、承担责任方式、认缴或者实际缴付的出资数额、缴付期限、出资方式和评估方式。

合伙协议约定合伙期限的，登记事项还应当包括合伙期限。

执行事务合伙人是法人或者其他组织的，登记事项还应当包括法人或者其他组织委派的代表（以下简称委派代表）。

第七条 合伙企业名称中的组织形式后应当标明"普通合伙""特殊普通合伙"或者"有限合伙"字样，并符合国家有关企业名称登记管理的规定。

第八条 经企业登记机关登记的合伙企业主要经营场所只能有一个，并且应当在其企业登记机关登记管辖区域内。

第九条 合伙协议未约定或者全体合伙人未决定委托执行事务合伙人的，全体合伙人均为执行事务合伙人。

有限合伙人不得成为执行事务合伙人。

第十条 合伙企业类型包括普通合伙企业（含特殊的普通合伙企业）和有限合伙企业。

第十一条 设立合伙企业，应当由全体合伙人指定的代表或者共同委托的代理人向企业登记机关申请设立登记。

申请设立合伙企业，应当向企业登记机关提交下列文件：

（一）全体合伙人签署的设立登记申请书；

（二）全体合伙人的身份证明；

（三）全体合伙人指定代表或者共同委托代理人的委托书；

（四）合伙协议；

（五）全体合伙人对各合伙人认缴或者实际缴付出资的确认书；

（六）主要经营场所证明；

（七）国务院工商行政管理部门规定提交的其他文件。

法律、行政法规或者国务院规定设立合伙企业须经批准的，还应当提交有关批准文件。

第十二条　合伙企业的经营范围中有属于法律、行政法规或者国务院规定在登记前须经批准的项目的，应当向企业登记机关提交批准文件。

第十三条　全体合伙人决定委托执行事务合伙人的，应当向企业登记机关提交全体合伙人的委托书。执行事务合伙人是法人或者其他组织的，还应当提交其委派代表的委托书和身份证明。

第十四条　以实物、知识产权、土地使用权或者其他财产权利出资，由全体合伙人协商作价的，应当向企业登记机关提交全体合伙人签署的协商作价确认书；由全体合伙人委托法定评估机构评估作价的，应当向企业登记机关提交法定评估机构出具的评估作价证明。

第十五条　法律、行政法规规定设立特殊的普通合伙企业，需要提交合伙人的职业资格证明的，应当向企业登记机关提交有关证明。

第十六条　申请人提交的登记申请材料齐全、符合法定形式，企业登记机关能够当场登记的，应予当场登记，发给合伙企业营业执照。

除前款规定情形外，企业登记机关应当自受理申请之日起20日内，做出是否登记的决定。予以登记的，发给合伙企业营业执照；不予登记的，应当给予书面答复，并说明理由。

第十七条　合伙企业营业执照的签发之日，为合伙企业的成立日期。

第三章 变更登记

第十八条 合伙企业登记事项发生变更的,执行合伙事务的合伙人应当自做出变更决定或者发生变更事由之日起15日内,向原企业登记机关申请变更登记。

第十九条 合伙企业申请变更登记,应当向原企业登记机关提交下列文件:

(一)执行事务合伙人或者委派代表签署的变更登记申请书;

(二)全体合伙人签署的变更决定书,或者合伙协议约定的人员签署的变更决定书;

(三)国务院工商行政管理部门规定提交的其他文件。

法律、行政法规或者国务院规定变更事项须经批准的,还应当提交有关批准文件。

第二十条 申请人提交的申请材料齐全、符合法定形式,企业登记机关能够当场变更登记的,应予当场变更登记。

除前款规定情形外,企业登记机关应当自受理申请之日起20日内,做出是否变更登记的决定。予以变更登记的,应当进行变更登记;不予变更登记的,应当给予书面答复,并说明理由。

合伙企业变更登记事项涉及营业执照变更的,企业登记机关应当换发营业执照。

第四章 注销登记

第二十一条 合伙企业解散,依法由清算人进行清算。清算人应当自被确定之日起10日内,将清算人成员名单向企业登记机关备案。

第二十二条 合伙企业依照合伙企业法的规定解散的,清算人应当自清算结束之日起15日内,向原企业登记机关办理注销登记。

第二十三条 合伙企业办理注销登记,应当提交下列文件:

(一)清算人签署的注销登记申请书;

(二)人民法院的破产裁定,合伙企业依照合伙企业法做出的决定,行政机关责令关闭、合伙企业依法被吊销营业执照或者被撤销的文件;

(三)全体合伙人签名、盖章的清算报告;

(四)国务院工商行政管理部门规定提交的其他文件。

合伙企业办理注销登记时,应当缴回营业执照。

第二十四条 经企业登记机关注销登记,合伙企业终止。

第五章 分支机构登记

第二十五条 合伙企业设立分支机构,应当向分支机构所在地的企业登记机关申请设立登记。

第二十六条 分支机构的登记事项包括：分支机构的名称、经营场所、经营范围、分支机构负责人的姓名及住所。

分支机构的经营范围不得超出合伙企业的经营范围。

合伙企业有合伙期限的，分支机构的登记事项还应当包括经营期限。分支机构的经营期限不得超过合伙企业的合伙期限。

第二十七条 合伙企业设立分支机构，应当向分支机构所在地的企业登记机关提交下列文件：

（一）分支机构设立登记申请书；

（二）全体合伙人签署的设立分支机构的决定书；

（三）加盖合伙企业印章的合伙企业营业执照复印件；

（四）全体合伙人委派执行分支机构事务负责人的委托书及其身份证明；

（五）经营场所证明；

（六）国务院工商行政管理部门规定提交的其他文件。

法律、行政法规或者国务院规定设立合伙企业分支机构须经批准的，还应当提交有关批准文件。

第二十八条 分支机构的经营范围中有属于法律、行政法规或者国务院规定在登记前须经批准的项目的，应当向分支机构所在地的企业登记机关提交批准文件。

第二十九条 申请人提交的登记申请材料齐全、符合法定形式，企业登记机关能够当场登记的，应予当场登记，发给营业执照。

除前款规定情形外，企业登记机关应当自受理申请之日起20日内，做出是否登记的决定。予以登记的,发给营业执照;不予登记的,应当给予书面答复,并说明理由。

第三十条 合伙企业申请分支机构变更登记或者注销登记,比照本办法关于合伙企业变更登记、注销登记的规定办理。

第六章 公示和证照管理

第三十一条 企业登记机关应当将合伙企业登记、备案信息通过企业信用信息公示系统向社会公示。

第三十二条 合伙企业应当于每年1月1日至6月30日,通过企业信用信息公示系统向企业登记机关报送上一年度年度报告,并向社会公示。

年度报告公示的内容以及监督检查办法由国务院制定。

第三十三条 合伙企业的营业执照分为正本和副本,正本和副本具有同等法律效力。

国家推行电子营业执照。电子营业执照与纸质营业执照具有同等法律效力。

合伙企业根据业务需要,可以向企业登记机关申请核发若干营业执照副本。

合伙企业应当将营业执照正本置放在经营场所的醒目位置。

第三十四条 任何单位和个人不得伪造、涂改、出售、出租、出借或者以其他方式转让营业执照。

合伙企业营业执照遗失或者毁损的,应当在企业登记机关指定的报刊上声明作废,并向企业登记机关申请补领或者更换。

第三十五条　合伙企业及其分支机构营业执照的正本和副本样式,由国务院工商行政管理部门制定。

第三十六条　企业登记机关吊销合伙企业营业执照的,应当发布公告,并不得收取任何费用。

第七章　法律责任

第三十七条　未领取营业执照,而以合伙企业或者合伙企业分支机构名义从事合伙业务的,由企业登记机关责令停止,处5000元以上5万元以下的罚款。

第三十八条　提交虚假文件或者采取其他欺骗手段,取得合伙企业登记的,由企业登记机关责令改正,处5000元以上5万元以下的罚款;情节严重的,撤销企业登记,并处5万元以上20万元以下的罚款。

第三十九条　合伙企业登记事项发生变更,未依照本办法规定办理变更登记的,由企业登记机关责令限期登记;逾期不登记的,处2000元以上2万元以下的罚款。

第四十条　合伙企业未依照本办法规定在其名称中标明"普通合伙""特殊普通合伙"或者"有限合伙"字样的,由企业登记机关责令限期改正,处2000元以上1万元以下的罚款。

第四十一条　合伙企业未依照本办法规定办理清算人成员名单备案的,由企业登记机关责令限期办理;逾期未办理的,处2000元以下的罚款。

第四十二条　合伙企业的清算人未向企业登记机关报送清算报告,或者报送的清算报告隐瞒重要事实,或者有重大遗漏的,由企业登记机关责令改正。由此产生的费用和损失,由清算人承担和赔偿。

第四十三条　合伙企业未将其营业执照正本置放在经营场所醒目位置的,由企业登记机关责令改正;拒不改正的,处1000元以上5000元以下的罚款。

第四十四条　合伙企业涂改、出售、出租、出借或者以其他方式转让营业执照的,由企业登记机关责令改正,处2000元以上1万元以下的罚款;情节严重的,吊销营业执照。

第四十五条　企业登记机关的工作人员滥用职权、徇私舞弊、收受贿赂、侵害合伙企业合法权益的,依法给予处分。

第四十六条　违反本办法规定,构成犯罪的,依法追究刑事责任。

第八章　附则

第四十七条　合伙企业登记收费项目按照国务院财政部门、价格主管部门的有关规定执行,合伙企业登记收费标准按照国务院价格主管部门、财政部门的有关规定执行。

第四十八条　本办法自发布之日起施行。

后记
Postscript

从互联网巨头阿里巴巴到万科地产,从新生创业企业到声名显赫的传统企业,合伙人管理机制成为管理热点,合伙创业也成为创业者的首选。其实,"合伙"是一个古老到无法追溯起源的概念。

假如不谈法律定义上的有限合伙与普通合伙,从企业角度来看,合伙机制能有效地盘活人力资本,打破组织壁垒;可以创造拥有感,凝聚合作伙伴;通过合伙人团队建设,实现集体决策;依托合伙人,传承文化、践行理念,发挥人才价值。但是,不能忽略的是,合伙人机制并不是一剂万能药,而是会面临各种风险,一旦合伙机制不能成功落地,必然会导致公司分裂。

外部环境与内部环境的不确定性,都可能给初创企业带来各种麻烦。合伙创业需要根据自身的实际情况慎重考虑、科学规划,既不能违背合伙机制的初衷,即共享愿景、共谋发展、共享利益,也不能违背管理的基本法则。只有如此,合伙人机制才能真正地在创业过程中达到 $1+1>2$ 的效果,无往而不利。